北京市教育科学"
2019年度重点课题（

教师心理实践力

意象对话在教师自我修习中的应用

苑媛 ◎ 著

北京师范大学出版集团
BEIJING NORMAL UNIVERSITY PUBLISHING GROUP
北京师范大学出版社

图书在版编目(CIP)数据

教师心理实践力/苑媛著. —北京：北京师范大学出版社，2024.1
（教育心理常识丛书）
ISBN 978-7-303-28428-3

Ⅰ. ①教… Ⅱ. ①苑… Ⅲ. ①中小学－教师心理学－研究
Ⅳ. ①G443

中国版本图书馆 CIP 数据核字(2022)第 221578 号

图书意见反馈：gaozhifk@bnupg.com　010-58805079
营销中心电话：010-58802755　58800035
北师大出版社教师教育分社微信公众号　京师教师教育

出版发行：北京师范大学出版社　www.bnupg.com
　　　　　北京市西城区新街口外大街 12-3 号
　　　　　邮政编码：100088
印　　刷：三河市兴达印务有限公司
经　　销：全国新华书店
开　　本：710 mm×1000 mm　1/16
印　　张：11.5
字　　数：184 千字
版　　次：2024 年 1 月第 1 版
印　　次：2024 年 1 月第 1 次印刷
定　　价：59.00 元

策划编辑：何　琳　　　　　责任编辑：王思琪
美术编辑：焦　丽　　　　　装帧设计：焦　丽
责任校对：陈　民　　　　　责任印制：马　洁

序言

九月，苑媛的这本书完稿。

教师节快到了，这本书是给教师的一个节日礼物。

九月是教师的月份，中国古代最伟大的教师孔子也是九月出生的。

自古中国人就骄傲地称我们国家是"礼仪之邦"，懂礼仪、讲道理。这是因为中国受儒家思想的影响，也受最有影响的教师——孔子的影响。

孔子对中国的影响如此之深远，以至于我觉得中国人整体上的气质更像教师和学生。在中国强大的年代，中国人并不去掠夺其他国家和民族，而是"教化"他们。唐朝时期，日本的遣唐使就是在学习大唐的基础上创造了自己的文字并丰富了他们的文明。明朝的郑和船队，虽有所向无敌的力量，却不掠夺不占领，只想让世界看到我们的大国风范。在中国衰弱的年代，中国人就是学生，带着见贤思齐的想法，中国人纷纷负笈出海，到欧美留学，学习他们的科学和文化。

中国人骨子里这种对教育的认同，是中华文化的精髓，也是中国未来的希望。

未来的中国将会是什么样子，关键在于今天的教育。

教育要更好，关键在哪里呢？

这个问题见仁见智，不是马上就能达成共识的。

但是有一点，我相信大家能够有共识，那就是教育中不可或缺的关键之一，就是教师。

不论其他各个环节多么完善，如果没有好的教师，一切都是徒劳。

大学之大，不是因为有大楼，而是需要有大师。

中小学教育也是一样，好学校的基础是好教师。

应试教育时代，所谓好教师，就是善于辅导学生应试的教师。但是我们更需要的，是能真正教书且育人的教师。教师应能够垂范学生，让学生学习到如何做一个有文化、有素养、心理健康的人。

相信有很多教师都希望自己就是这样的好教师。他们即使无法成为心中那个形象高大的教师，至少也希望自己成为更好的教师，希望能够对学生施加好的影响，让自己的学生更优秀，或至少不要有问题。

中国的教师责任心都很强，他们希望能够做得更好。

但是，有心，却未必有能力。

在实际的工作中，很多教师会遇到"心有余而力不足"的情况。苑媛这本书中也举了一些例子，展现了教师们很多心有余而力不足的无奈瞬间。

遇到这种情况，教师们当然也在到处找办法，但是所找的办法中很多并不能有效解决问题。

为什么呢？

我试用一个例子来说明一下。

比如，有个人问教练："我用哪个武术动作，可以战胜武术冠军？"

教练先要看看他的身材。如果他身材壮硕，动作灵敏，身体素质很好，那么教练可以针对性地告诉他一些可能适合对战武术冠军的技术。但如果这个人弱不禁风，走路气喘，俯卧撑只能做三个就趴下了，怎么战胜武术冠军，世界上没有这种武术动作。

教师也是一样。他们想知道，怎么做可以更好地教导学生。

如果教师没有良好的心理素质，那么，对于他来说，没有什么是好的方法。就好比好的武术动作，需要有足够的力量和敏捷性才能用。好的教育方法，也需要教师有好的心理实践力才能用。

没有足够的身体力量和敏捷性，那就需要在每天的训练中，专门去训练自己的力量和敏捷。

同样，没有好的心理实践力，就需要专门训练这些心理实践力。

不过，过去我们好像没有专门给教师做这种训练的书籍。

这就是这本书的价值。 这本书给了教师这种心理实践力的训练方法。

这本书对教师的价值在此，对教育事业的价值也在此。 帮助中国人形塑未来的优良性格品质，这个任务太大了，这本书没有这么大的能力，但至少这本书是一个很好的初步尝试。 从这里开始，我们走向了正确方向。

这本书中用于提高心理实践力的方法，主要是意象对话心理方法。 意象对话是一种很适合心理训练的方法。 我们过去用它来培训心理咨询师，来提升心理咨询师的心理素质，效果非常的好。 意象对话心理咨询流派靠这个方法把很多基础很差的学员培养成了优秀的心理咨询师。 意象对话之所以能有这个效用，是因为它和心理动力学的方法一样，能深入潜意识。 比心理动力学更好的一点是，心理动力学非常依赖心理督导师手把手地带新手，不然就很难培养出人才来。 而意象对话发现了新方式，可以一定程度地减少对督导师的依赖。如果用心理动力学的方法来培养教师的心理实践力，也许我们需要几十万心理督导师才够，这是完全不可能的。 而有了意象对话，我们就没有了这个困难。

因此，我非常高兴苑媛写了这本书。 我愿意向所有的教师推荐这本书。我敢这样说，大多数的教师读了这本书，都会发现它很有帮助。 我真希望这本书是我自己写的，但是"功成不必在我"。

我相信苑媛的这本书会成功。

我也更希望并且相信，这本书的读者，也会成为成功的教师。

朱建军

前　言

心理实践力（psychological capability for practice）是指将心理学的理念、知识、方法和技术应用于日常生活和工作的能力。

将心理实践力引入教师角色，旨在引导教师掌握基本的心育理念，掌握关于学生的心理学知识和方法，摒弃单一的评判视角，有效解决用以往工作方式和工作经验不足以解决的问题，如学习问题、管理问题、班级建设、危机应对等，从而一定程度地提升教师心理素养，增强教师的工作活力和胜任力，提高工作绩效，同时，提升教师个体的价值感、成就感与职业幸福感。学生乃至家长由此获得心理成长，促动家校合育，从而构建更为健康美好的校园生态环境。

教师心理实践力是指教师将心理学的理念、知识、方法和技术应用于校园工作的能力。在施展此项能力的过程中，教师是主体，校园工作对象是客体，包括学生、家长和班级等。

走进校园进行心理培训和案例督导时，我经常会听到各种无奈，"我知道这孩子的问题是父母错误的教育方式造成的，可是我说了那么多次，人家也不听呀！""那孩子除了打游戏，对什么都不感兴趣，我是没招了。""他上课经常走神儿，纪律性差，还影响周围的同学，所有的老师都不止一次地批评过，但都拿他没办法。""我们班有个女生，学习还不错，也爱参加集体活动，可是整天脏兮兮的，头发乱糟糟，经常不剪指甲、不洗澡，没人愿意跟她坐同桌。""听说他在高中时得过抑郁症，最近这段时间情绪又不好了，我很害怕，不知道怎么跟他相处。"

这些都是非常负责的好老师，也是发自内心地想要帮助学生们，之所以"有心无力"，有的是因为缺乏与各种家长进行沟通的经验；有的是因为习惯了依据学生的行为做出评判，激起了自己的消极情绪而不自觉，带着消极情绪进入师生关系；有的是尚未厘清问题的本质，急着去"解决"。也许老师们多一个心理学视角，多掌握一些科学有效的心育方法，"问题"转化为机会的可能性就会增加。

曾有一位从事小学班主任工作超过 20 年的老师询问："这孩子家里也不缺钱啊！她怎么又偷钱了？还是个女孩子！告诉家长吧，她免不了跟以前一样挨顿打，没什么用；不告诉吧，偷窃总归是个品行问题，被偷的学生和家长也不干。您说我该怎么办？"看着这位老师，我回应道："是啊，这确实挺让人困惑和无助的。我想跟您分享的是，从心理象征的角度看，小孩子偷的从来都不是钱，而是爱。如果孩子的原生家庭充满爱，父母相亲相爱，对待孩子温和友善有耐心，不管家里多穷，这样的孩子都不会去偷，因为他的心里是富足的。"这位老师若有所悟，沉默片刻后，眼中闪着泪光："原来是这样！我好像突然能理解这孩子了，其实她挺可怜的……"显然，"小孩子偷的从来都不是钱，而是爱"这句话触动了这位优秀的老师。我相信，这样的触动可以改变这位老师与那个孩子之间的心理关系，也会由此给那个孩子带来真正的理解与接纳。

当问题表象有机会被还原为心理真相时，"解决"就变得不那么艰涩了。

仅以教师身份而言，我对这位班主任做出的回应，实际上正是教师心理实践力的一个具体呈现——第一句话体现了共情，后面的话是在传递一条心理学知识。

我认为，教师心理实践力至少涉及 6 个方面的能力：心理教学能力（psychological capability for teaching）、心理管理能力（psychological capability for management）、心理成长能力（psychological capability for mental growth）、关系建设能力（psychological capability for building relationships）、人际沟通能力（psychological capability for interpersonal communication）、问题解决能力（psychological capability for problem-solving）。

这 6 种心理能力均强调可操作性和应用性，相互支持、相互补充、相互促

动，共同构成了教师的心理实践力。为了便于记忆和理解，可以简单概括为
"6 个 PC"。

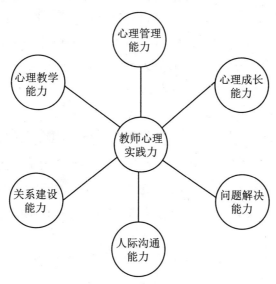

为了方便教师提升心理实践力，本书引入我们中国人自主研究出的心理
学——意象对话心理学（imagery communication psychology，ICP）。意象对话
心理疗法是意象对话心理学非常重要的一个组成部分，也是目前国内受训人数
最多的心理疗法，既适合成年人用以心灵成长，也十分适合应用于青少年儿童
的心理教育。

引入意象对话，还因为在现实生活中，我们常常受到潜意识的影响而无察
觉。或者说，有时候，我们说一些话，做一些事，体验到某些情绪感受，冒出
某个念头或冲动，源自我们的深层心理，却未直接意识到。

例如，某些孩子总是犯同一种错误，他们的认错态度很好，也很努力地配
合家长和老师去改正，可就是改不掉——其实，他不是真的改不掉，而可能是受
到了某个潜在心理需要的驱动；有些人在理性上（甚至从很小的时候开始），十
分想成为跟父母不一样的人，尤其想避开父母的某些缺点，不曾想，成年后的
自己越来越像父母，尤其是"继承"了那些本想避开的缺点；有些人会因为很
小的一件事情发很大的脾气，或情绪反应瞬间变得激烈，他们也不想如此，却
总是控制不住——实际上，不是真的控制不住，而可能是当下的情境与早年的

某个情境非常相似,"触景生情",相似的景触发了相似的情……

这样的实例不胜枚举。接受潜意识的存在,用科学的理念和方法去探索潜意识,了解自己深层的心灵世界,才能更加完整、全面、深刻地了解自己,理解自己,接纳自己,也才能更好地自我成长,明白怎样可以成为"更好的自己"。

潜意识是我们人类心理世界中存在而尚未被觉知的内容。接受它,了解它,跟自己以及他人的潜意识发生连接和交流,可以成就很多人,成就很多事。

意象对话是探索潜意识的一个非常好的方法,它就像我们在清醒状态下去做一个梦(朱建军,2021)。在专业方法的引领下,我们的脑海里会出现一些画面,这些画面/图景里的各种符号就是意象,每个意象符号都具有心理象征意义,有的是普适性的,有的是个性化的。当我们去面对意象,接纳意象,感受意象,并运用意象符号的心理象征意义进行交流和互动时,就是在"意象对话"。

通过意象对话,我们可以更深入、更长效地调整生命状态,获得新的、有效且有趣的方法,从而变得"心明眼亮"。

鉴于教师个人的兴趣偏好和工作对象的差异性,除意象对话之外,本书还涉及其他的心理咨询方法,如经典精神分析、萨提亚疗法、焦点解决等,也会论及一些具体的心理临床技术,如"我-信息(I-Message)""倾听""核对""情绪标定""正强化"等,以使教师在面对不同的情形时能够灵活选择,有的放矢。

并且,本书尝试创新,引入其他领域的一些工作模式。例如,书中提出"校园版私董会"的说法,以期拓展教育领域的认知边界,用更加丰富的方式方法解决大中小幼职校园里的现实问题,促进师生和学校的成长。

无论有多少种方法和技术,无论这些方法和技术怎样切换/组合,其目的恒定不变——都是让教师心里的爱有更多机会以健康的方式传达给学生。

因而,本书还想借助教师心理实践力的论述,以及相关方法技术的具体应用,传递一些重要的心育理念,如"心理学相信每个人都是独特的生命个体""透过表层看内在""避免因病获益""避免标签化""问题本身不是问题,如何应对才是问题""爱和爱的方式是两件事"……

随着教师心理实践力的相关理论及其应用的发展,作为一种专项能力,教师心理实践力的研究内容可能会超出"6 个 PC"。 实际的校园工作和个人心理成长的过程，也一定不会局限于书中所讲到的方法和技术。

希望这本书只是一个开启教师心理实践力研究的序幕！

期待更多同人分享智慧，贡献力量！

苑媛

中央财经大学图书馆配楼

目　录

第一章
教师心理实践力

教师心理实践力是指教师将心理学的理念、知识、方法和技术应用于校园工作的能力。信、爱、知、行是教师心理实践力的核心。"信"体现为认定与承担;"爱"体现为滋养与关怀;"知"体现为认识与领悟;"行"体现为实践与成就。

很显然,信、爱、知、行是四种基本的心理品质。古汉语中用来指称心理品质的词是"德",因此,这四种基本心理品质可以简称为"四德"(朱建军,2016)。

之所以将"四德"确定为教师心理实践力的核心,原因至少有四:一是信、爱、知、行是用来评估个体基本心理品质的四个维度;二是以"四德"为基础,可以衍生出其他优秀品质;三是任何心理问题都和"四德"的不足有关(朱建军,2016);四是将心理学的任何科学理念、理论知识、实务方法技术应用于校园工作,都会带来实践对象在信、爱、知、行方面的提高。

"四德"既是教师淬炼心理实践力的核心内容,也是教师心理实践力的具体体现,还可以用来检验或评估教师心理实践力的实际效果,即实践对象(如学生)在这四个维度上获得多大程度的提高。

信、爱、知、行这四种心理品质相对独立,同时,相互促进,彼此推动。

例如,当教师帮助一个不爱学习的学生在"知"上对学习有足够深刻的理解时,"知"可以转变为"爱",或者促进"爱",这个不爱学习的学生由于"知"的深度增加而变为"爱学习",或"比较爱学习"。

再如,一个自信心比较弱的学生,当体会到教师的无条件接纳和真诚鼓励之后,会因为收获了"爱"而变得更有自信。至此,"爱"就促进了"信"。

又如,一个学生出于对某位老师的"信",行动力开始增强;在持续行动的过程中,不断有所收获,甚至小有成就感,逐渐爱上某个学科;有了爱的动力,领悟也越来越深、越来越多;随着领悟的加深和增多,更加深信不疑。于是,信—行—爱—知—信……形成一个良性循环。

"四德"犹如四种心理资源。心理资源充沛时,即使存在方法技术上的不足或瑕疵,个体也不会因此而走向消极面向;相反地,心理资源匮乏或严重缺失时,即使掌握了很好的业务技能,个体也很难持续地走向积极面向。

例如，某位刚刚入职的年轻教师，既没有丰富的教学经验，也没有充盈的管理经验，但是他人格健全，"四德"充沛——自信心较强，有定力，敢担当；懂得用真诚的爱去滋养和关怀他人；对教师职业和所属专业有深刻的认识和领悟；行动力较好，善于实践，善于成就自己和他人。那么，他的人格魅力自然会吸引学生，感染学生，他所讲授的课程也会因此受到学生的喜爱，"缺乏经验"有时会令他更有趣、更灵活、更有灵感。

我们可以预判一下，这位年轻教师如果在上课时写错了板书、课件做得不够完美、下课时间把握得不够精准，与学生沟通时更多用真诚温暖的态度而缺少老道的技巧……他会越来越进步，被学生和家长所信服，还是越来越差劲，被学生和家长所拒斥？

这个例子并未否定教学经验和管理经验对于教师职业发展的重要性，而只是说，当教学经验和管理经验不够丰富时，信、爱、知、行这"四德"能够起到一定程度的弥补和消融作用，会促动教师个体持续地倾向于积极面向。但是，反过来会比较困难。再丰富的教学经验和管理经验也很难保证"四德"不足的教师持续向好。

接下来，按照大致的时间发展顺序，我们简要地梳理一下这四种心理品质。

一、信

"信"如地，具有稳定感、安全感、承载感。有"信"，就有底气，有主心骨。对内体现为自信，对外体现为信任世界，信任他人，信任未来。

"信"不足，安全感缺失，易焦虑，易自卑，总担心外界有危险，总要求得到别人的保证，希望掌控一切，或者希望知道所有的事情；即使在客观现实层面获得了很多的安全条件，得到了很多人的保证，掌控了很多事，也知道了很多事，心底仍缺乏安全感；甚至，安全条件越多，保证越多，掌控和知道的事越多，心底越缺乏安全感。

"信"源于生命早期 0~1 岁的安全感，是我们人类在生命历程中发展出来的第一个心理品质（这里所说的 0 岁，是从胎儿时期，即母亲的孕期算起的；

1岁是指一出生）。 这个时期的婴儿很难独自存活，必须依赖成年人的保护（生存安全、身体健康等）和各种照顾（吃、喝、拉、撒、睡眠、穿衣、清洁等）。 由于缺乏独立生存的能力，故而需要先发展出"信"这个心理品质。 所以，我们也可以理解为，"信"是出于生存需要所发展出来的最基本的心理品质。

0～1岁，婴儿如果得到比较周全的照顾和保护，就会产生安全感、稳定感、踏实感等，会认为自己身体之外的"照顾者""保护者"（通常是母亲，也包括其他的成年人）是可信赖的，这个世界是可信赖的，同时，认定自己是"好的"——值得被接纳、被爱、被照顾、被保护等。

假如婴儿的母亲或其他成年人在这个时期没有提供足够的照顾、保护和关爱，婴儿会产生不安全感、不确定感、不踏实感，较为严重的情况下，可能会产生濒死感、崩解感、恐惧感、悲伤感等，会伤及婴儿的"信"。 婴儿会认为自己身体之外的"照顾者""保护者"（通常是母亲，也包括其他的成年人）是不可信赖的，这个世界是不可信赖的，同时，认定自己是"不好的""不够好的"——不值得被接纳、被爱、被照顾、被保护等。

可见，"信"这个品质发展得怎么样，对于个体后来的心理健康以及人格发展会产生非常大的影响。 同时，"行""爱"和"知"的发展，也会或积极或消极地强化"信"的最初状态。

二、行

"行"如火，具有动力感、能源感、效能感。 勇于把自己的想法付诸实践，并力争实现。 行动本身可以升华为智慧，也会带来结果。

"行"不足，易空想或拖沓，心理活动转化为实际行动的能力不足，缺乏外在成功及成就感，缺乏耐心和勇气，损害自我效能感（指个体对于自身是否有能力完成某一行为的自信程度；在不同的领域，个体的自我效能感往往是不同的），合作意识或合作能力较弱。

幼儿在1～3岁，走路、说话、模仿、游戏等各种探索活动都开始了。 在这些实践活动的过程中，幼儿通过学会控制自己的身体，来学习控制物质世界，学习勇敢地去探索、去行动，他们对这个世界充满了好奇心和行动的欲望。

在此阶段，如果父母（或其他重要抚养人）能够提供适当的支持和控制，陪伴幼儿勇敢地探索并获得成功，幼儿就会产生自主感、内控感、成就感、喜悦等积极的情绪感受，从而形成一种"有实践力和成就力"的品质。这就是我们所说的"行"的心理品质。这种品质会使幼儿在生命历程中始终保持对世界的好奇心和理解力，愿意与世界保持连接和互动，敢于带着自己的想法、向着自己心中的目标去坚持行动，而不会轻易退缩或放弃。一旦目标达成，就会夯实"行"。同时，也会增强"信"。

假如在这个生命早期的实践阶段，幼儿受到不健康的成长环境、家庭教养方式、家庭教养态度等因素的消极影响，有可能会产生一些心理困扰或心理问题。例如，对于"信"比较弱的抚养人，在面对充满好奇心和行动欲望的1～3岁幼儿时，在教养态度和行为方式上很容易采取两种手段：一种是过度保护——为了避免现实危险，也为了防御自己心里的不安全感，过多限制幼儿的行动，甚至总是代替幼儿完成他原本有能力独自完成的事情，致使幼儿产生恐惧感和挫败感，长大后行动力较差，容易沉溺于幻想或拖沓；另一种是过度严苛——为了避免现实危险，也为了压抑自己心里的不安全感，对幼儿过度约束，幼儿稍有不当之处，抚养人就严厉斥责，使其谨小慎微，胆小怯懦，既没有勇气去探索世界，也缺乏能力去面对可能的失败。

在这两种成长氛围里生活的幼儿，心理容易出现两种消极状态：要么好似一个被囚禁太久受尽压迫的人，突然逃脱囚笼或得以释放，将压抑深久的能量一股脑地抛给世界，说话粗鲁，态度恶劣，我行我素，缺乏合作精神与合作能力；要么宛若一个哆哆嗦嗦蜷缩在角落里的可怜小孩儿，紧张地望着外面的世界，不敢大口呼吸，不敢独自站立，更不敢独自前行，生怕一不小心冒犯了大人，而失去了他们对自己的爱。

无论是哪一种消极状态，都会较大程度地影响到他们的行动能力。由于行动能力严重受阻，导致想法不易兑现，目标不易达成，于是，增加了遭遇困难和失败的可能性。每当面对挫折情境或失败情境时，他们会比一般人更容易产生强烈的挫败感、卑弱感、无能感、无力感、无助感等。这些消极感受又会加剧"信"的不足和"行"的不足。有的人一生都陷在这样的恶性循环里。

三、爱

"爱"如水，具有生命力、滋养感、创造性。 爱的力量，向内发展为"爱自己"，向外发展为"爱他人""爱生命""爱世界"。

"爱"不足，使人无法建立良好的人际关系和人际互动，易导致孤独或自私。 即使别人实施爱的举动，也不会将其理解为爱。 容易感到贫乏、不幸、抑郁和难过。

3～6 岁是儿童的发育黄金期。 大脑结构渐趋成熟，词汇量迅速增长，可以开始系统地学习知识，也可以自由地与人交谈。 在这个时期，儿童开始意识到关系，尤其是意识到了父母（或其他重要抚养人）和自己之间的复杂关系，因而，需要学习如何去爱。

在此阶段，如果父母（或其他重要抚养人）之间相亲相爱，能够树立爱的典范，并且都爱孩子，那么，在孩子身上，爱的潜能就会被顺利地激发。 孩子在充满爱的家庭氛围里成长，既切身体验到了爱，也有大量的机会学习如何表达爱，在吸收爱的情感能量的同时，逐渐懂得爱，拥有爱别人的能力，并且爱自己。 这就是"爱"的心理品质。

爱的品质发展得好，爱的能力就高，爱人和爱己往往会同时实现。

然而，如果爱的品质发展得不好，儿童爱的能力就低，爱就仿佛变成了非常有限的资源，无法同时流向自己和他者。 爱的资源似乎只能用于一个方向：要么爱自己，要么爱他者；把爱给了自己，就给不了别人；把爱给了别人，自己就得"渴着""饿着"。

可实际上，当一个人不爱别人的时候，世界对他们来说就是一个没有爱的情感荒漠，于是他们自己感受不到别人对自己的爱，从而也就不幸福（苑媛，曹昱，朱建军，2013）。

假如一个人努力地爱别人而不爱自己，则容易跌入"献祭"或"我不配"的心态，下意识地将爱当成一种祭品或贡品。 如此心态所付出的爱，浓烈炽热，却也悲壮沉重，可能会让接受这份爱的人感到内疚或心疼，却很难感到幸福。

健康的爱是流动的，是充盈的，是源源不断的，是相互的付出与合作。

四、知

"知"如风，是灵动的、活跃的，充满智慧的，是具有超越实用性需要的好奇心和学习兴趣，超越功利性需要的学习态度，具有理性能力与理性智慧。

"知"不足，就会缺少对求知的欲望及求知过程的喜悦，缺少非功利性思考的视角，无法客观地看待事物。

6～12岁，儿童进入小学阶段，学习科学文化知识。 如果先天的好奇心和求知欲没有被破坏或被歪曲，儿童会带着非功利的心态在知识的海洋中自在遨游，一边探索着世界，一边了解着自己的生活，一边不断累积着自己的智慧并享受其中。 简单说来，学习着，探索着，快乐着。

面对"知"发展得好的儿童，如果你问他："天空为什么会下雨？"他能淡定地讲出气象常识："地球上的水受到阳光的照射变成水蒸气，水蒸气上升到空中，在空中遇到冷空气凝结成水滴而降落大地。"也有可能给出一个充满童话色彩的惊艳答案："因为地球要洗澡。"

这样的儿童长大之后，不容易冲动，善于分辨是非，善于理性思考，同时，如灵动的风一般，保持着一定的创造力和想象力。

相反地，如果在6～12岁的儿童期，教育者（如父母、教师等）在传授科学知识的同时，传递着"不好好学习就没人喜欢你""学习是为了出人头地""你看别人家的孩子多有出息""除了学习你什么都不用干"之类的不健康观念，儿童就会越来越厌烦"别人家"，越来越失去求知欲，甚至讨厌学习，讨厌学校，讨厌老师，认为学习是一个被迫完成的任务，感觉学习总是带来各种不开心，甚至觉得学习是成年人随时可以用来否定自己、指责自己、惩罚自己的工具或武器。

他们丧失学习乐趣的同时，仿佛也丧失了很多人生乐趣，情绪变得易怒、焦躁或抑郁、沉闷。 在这个不断唤起消极体验的过程中，孩子有可能越来越不喜欢自己和世界，既不想爱自己，也不想爱别人、爱世界，甚至不愿去行动，因为在他的感觉里，这个世界一点儿都不可爱，也不好玩儿，没什么意思。 至此，"信""爱"和"行"均可能受到不同程度的损害。

第二章
心理教学能力

心理教学能力（psychological capability for teaching）**是将心理学的理念、知识、方法和技术应用于教学工作的能力。**

教学是以知识技能和伦理道德规范为媒介的师生之间的双边活动（朱欣欣，2004）。教学能力是教师为达到教学目标、顺利从事教学活动所表现出来的一种行为特征。它出一般能力和特殊能力共同构成。

一般教学能力是指教学活动中所表现的认知能力。例如，理解学生学习情况和个性特点的观察能力，预测学生发展动态的思维能力等。

特殊教学能力是从事具体教学活动的专门能力。如：把握教材和运用教法的能力，深入浅出的语言表达能力，教学组织管理能力，完成某一学科领域教学活动所必备的能力（语文教师的写作能力、数学教师的计算能力、体育教师的科学急救能力、音乐教师的"唱""弹""跳"能力、美术教师的艺术鉴赏能力等）。研究表明，教师的表达能力、组织能力、诊断学生学习困难的能力以及他们行为的条理性、系统性、合理性与教学效果息息相关（顾明远，1998）。

简要说来，教学能力至少涵盖以下几个方面。

教学认知能力：认识、理解与把握教学活动基本元素（如目标、内容、对象等）的能力。

教学设计能力：以教学效果最优化为目的，以解决教学问题为宗旨，根据教学对象和教学目标，确定合适的教学起点与终点，将教学诸要素有序、优化安排，形成教学方案的过程。

教学调控能力：教师在实施教学活动的过程中，对课堂学习情况的创设控制，对教学实践的合理分配，对达成教学目标的策略使用，对课堂学习气氛的调节。

教学评价能力：一是教师教学自我评价能力，二是学生学业表现评价能力；教师按照目标多远、丰富多样、注重学习过程的原则，将量化评价与质性评价相结合，构建一个多元、连续、注重态度与过程的评价体系，从知识与技能、过程与方法、情感态度与价值观等方面对学生进行全面评价的能力。

教学技术运用能力：教学技术是教师传递教学信息的各种物质媒体或物质条件，大致分为常规教学技术和新型教学技术两类。教学技术运用能力需随着科技进步而不断提升。

一、教师的心理教学

在各种教学能力的培养当中,存在一个共性问题:如何将知识转化为能力?实际上,这不仅是大中小幼职教师都会面临的问题,也是心理教育、心理培训、心理临床和心理修习必然面临的问题。

对于教师而言,要想帮助学生将知识转化为能力,除了扎实的专业功底、丰富的工作经验和勇于创新之外,还需要树立"心理教学"意识,甚至有意识地提高心理学素养(psychological literacy),这样就能站在更高的视角看到:**学生的学习问题从来都不只是学习本身的问题,而是内在和外在诸多因素交互作用的结果。**

因而,所谓心理教学能力,有时体现为教师将功夫下在教学之外。

下面,以数学为例,谈谈数学教师心理教学能力的具体体现。

数学焦虑(math anxiety)一直是心理学界研究和探讨的热点问题之一。它是指对数学的一种不合理的状态性焦虑或恐惧,这种心理体验妨碍了人们在学习情境和日常生活中对于数字问题的处理,以及对数学问题的解决和应用。不仅国内外的学生群体里存在数学焦虑,很多不上学的人也经受着数学焦虑的困扰。 美国著名的数学教育家玛丽莲·伯恩斯(Marilyn Burns)曾讲到,美国有三分之二的成年人厌恶数学,甚至惧怕数学(刘娇,2004)。

作为一种特殊的学科焦虑,数学焦虑对人们的数学行为有着最直接的影响(吴垚坤,汤强,冯仁勇,2014),严重的数学焦虑者对自己解决数学问题的能力怀有错误的观念和消极的态度,甚至导致心理障碍或心理异常(熊建华,2005)。 心理学研究发现,数学焦虑的影响机制通过工作记忆(加工效能理论和注意控制理论)、元认知能力和情绪反应发生作用(谢芳,张丽,2016);教师的评价方式、课堂气氛、数学考试是数学焦虑的主要影响因素(王俊山,卢家楣,2006)。 为了干预数学焦虑,研究者们纷纷提出呼吸训练法、情绪表达性写作、焦点解决短期治疗数学焦虑(庄思铭,2020)、与某些特定的心理咨询方法或技术相结合的数学游戏策略等方法。

　　以下是三种数学心理教学方式。需要说明的是，心理教学方式与成功的教学经验各有侧重，着力点不同，毫无冲突，但也不可相互替代，二者相互补充，相互支持，彼此促动。心理教学方式更适合与教师已有的成功教学经验结合使用。

　　假设某个学生存在数学焦虑问题，数学成绩也比较差，教师可采用一对一面谈的方式，带给学生不一样的感觉和启发。

　　1. 意象对话法

　　使用意象对话方法，须遵守意象对话基本操作原则：不评价，不指责，不解释，不否认等（苑媛，2018；朱建军，2006）。该原则适用于意象对话的所有实践与应用。

　　（1）简单操作

　　数学老师引导学生把"数学"进行意象化，深入了解并理解其数学焦虑或数学成绩较差的潜意识原因。比较简单的操作方法是，数学老师先营造一个温馨、平和的一对一谈话氛围，让学生的身心都能放松下来。然后，无须让学生闭眼，而是直接问："你觉得数学像什么？"自此，为学生开启一个深刻感受数学并分享体验的机会。

　　在师生沟通的过程中，老师尤其要做到"不评价"——无论该生说数学像什么（如高山、深渊、沙漠、怪物、恶魔等），老师决不评价，而是带着全然接纳的态度，认真倾听，因势利导。引导该生带着觉察释放所有的消极情绪（如害怕、担心、失望、自卑感、无助感、无力感、无能感等），允许该生哭泣，允许该生说任何想说的话。即使一时间难以理解或共情，也不要打断他的表达，更不要做出评判（比如，"数学怎么可能像妖怪""你对数学的理解是错误的""数学哪有你说的那么可怕"，等等）。

　　请相信：无条件接纳和耐心倾听具有心理疗愈功能！

　　（2）标准化操作

　　如果学生比较紧张，或过于理性，前述的简单操作无法使学生说出数学像什么，教师可采用更为标准化、规范化的意象对话操作方法：躯体放松——进入想象——意象对话——结束意象对话。

具体如下：

引导他选择一个舒服的姿势坐好，身体没有任何叠加的动作（如双手交叉、双臂抱胸、跷二郎腿、双脚交叉等），闭上眼睛，放慢呼吸（最好采用吸气鼓肚子、呼气收肚子的深慢腹式呼吸法）。

待他从头到脚都放松之后，教师再指导他进入想象："如果数学是一个独特的生命，在你的想象中，它长什么样子？有哪些特点？看着它，你是什么感觉/心情？你想对它说什么？它听到你说的话之后，有何反应？它可能会对你说什么？""如果它给你带来了困扰，请充分发挥你的智慧和力量，看看在想象中怎样解决这个问题？或者，你希望谁陪着你一起解决这个问题？"

在上述意象对话的过程中，教师睁着眼睛引导、观察、体会、尽可能理解和共情，学生闭着眼睛想象、表达、回应。假如学生由于受到强烈情绪的影响，猛地睁开眼睛，为了最大限度地保护学生的安全感和现实感，教师需耐心安抚，然后请学生闭上眼睛继续完成想象。

当意象所呈现的问题或困扰基本解决，学生基本能够接受想象里的画面，并且，基本没有什么不舒服的感觉时，教师引导学生结束本次意象对话。

结束时，需放慢节奏，强化学生的现实感。具体操作方式是，引导学生继续闭着眼睛，关注自己的呼吸，听见客观外界的声音（如窗外的风雨声、楼道里的说话声、同学们嬉笑打闹的声音等），脑海里的画面逐渐隐退，教师数 3～5 个数（如"3、2、1"），让学生听到最后一个数字的时候再睁开眼睛。

如果该生在意象对话的过程中，情感投入，体验深刻，情绪也比较激动，为了确保他身心合一地完全清醒过来，当意象对话的过程结束，他听到教师数的最后一个数字睁眼后，教师立即引导他快速转动眼球，快速观察所在的房间，口头报告房间里的物件。教师指导语参考如下：

"请快速转动你的眼球，看看周围，说一下这个房间里都有什么物品。"他可能会说："办公室里有桌子、椅子、柜子、灯管、窗帘、电脑、作业本……"

无论是简单操作，还是标准化操作，其中的意象对话环节，目的有三，亦可理解为功效有三。

一是通过引导学生将数学意象化，探索其深层的心理原因。

二是借助意象的象征意义，为学生提供反求诸己、带着觉察去释放学习数学所引发的深层感受或情绪，以缓解/清除压抑在潜意识里的消极情绪感受对学习数学的消极影响，帮助学生以更大的勇气和更多的智慧重新面对数学，从而提高学习信心及学习成绩。

三是用一种生动有趣的"双赢"交流方式，为师生提供一个情感链接的机会，让教师有机会快速了解学生产生数学焦虑的深层心理因素，增加对学生的理解和接纳，缓解教师的教学焦虑，也让学生有机会感受到教师的真诚陪伴与无条件接纳，增强对教师的喜爱与信任。

2. 认知迁移法

采用认知调节方法，对学生已有的、积极的心理资源进行梳理和意识化，并将其迁移至学习数学的态度及其行为。

利用该生原本具有的一些优点，通过有意识的启发，以缓解数学焦虑，提高数学成绩。

举例：某个学生的数学成绩不太好，但乒乓球打得好。数学教师可以启发并鼓励学生："听班主任介绍，你乒乓球打得不错。这说明你具备很多优秀的心理品质，比如：专注力好，判断力好，灵活性强，有耐力，反应快，做决定时很果断，身心的协调性也非常好……你可以主动调用打乒乓球的优秀品质来学数学啊！"

3. 心理教练法

紧紧围绕数学学习问题，引领学生一步步地推进，促使其带着内心的喜悦、希望，全力以赴地去享受提高数学成绩的过程。示例如下。

教师：这次数学考试，你得了 D。等到期末考试时，得到哪个等级，你会比较开心？

学生：B。（只要学生说出来的等级高于 D 即可，此处只是举例）

教师：挺有上进心的啊！不错！数学成绩从 D 提高到 B，你希望老师为你做些什么？

学生：……

教师：在数学成绩从 D 提高到 B 这件事上，你希望爸爸为你做些什么？

学生：……

教师：在数学成绩从 D 提高到 B 这件事上，你希望妈妈为你做些什么？

学生：……

教师：在数学成绩从 D 提高到 B 这件事上，你可以为自己做些什么？

学生：……

针对学生提出的"……"，教师协助分辨：哪些具有可操作性？哪些不够具体？哪些虽然具体，但不具有可操作性？将不够具体的部分，拿出来进行讨论，看看是否可以转变为可操作的方案。

进行整体梳理后，教师带着尊重的态度，与学生共同商定：如何将这套行动方案落地。具体是指，这些行动方案是学生本人主动与相关人员沟通，取得他们的合作与帮助，还是其中一部分由教师代为完成？例如，受学生委托，教师代为转告爸爸、妈妈或其他相关人，并取得他们的合作与帮助。

随后，教师作为陪伴者和监督者，协助学生完成那些用以提高数学成绩的行动方案。

值得注意的是，工作经验显示，运用心理教练技术提高孩子某门功课的成绩时，很多孩子对于父母和教师提出的所谓"做些什么"，常常与学习本身无关。我们经常听到孩子们说，"希望我妈看电视的时候，声音小一点""希望我爸不要总招呼一帮人来家里喝酒""爸妈不要吵架就好""他们不要总拿我跟表姐比就好""希望我妈不要总说奶奶不好""希望在我不举手的时候，老师不要叫我起来回答问题，答不上来很丢人的""希望班主任不要根据考试成绩排座位"……

令人惊奇的是，当成年人诚恳地接受孩子的"希望"，切实做到位时，孩子们的学习成绩确实会显著提高。并且，常常带来很多意想不到的惊喜，如孩子性格更开朗了，笑容更多了，更热心集体活动了，懂得主动关心别人了……

上述内容是以数学为例，简述了心理教学方式。

消极情绪有时会影响到学习能力的正常发挥。所以，在这三个方法里，有一个共同的工作点：学生的情绪。

有学者对 486 名学龄期儿童在情绪生物节律的高潮、临界、低潮三个阶段的智商进行比较，研究结果显示，情绪生物节律对儿童的智商具有一定的影响，尤其以男生表现突出（杨德龙，庞树桂，1989）。 意象对话的临床实践也发现，当学生的消极情绪有所缓解之后，学习效率和考试能力会明显提高。

由此联想到，有的孩子在被老师或家长高声斥责时，会出现"懵""僵""木""呆"等状态，仿佛智商变"低"、人变"傻"了一样，大人说什么，他们都反应不过来。 这种情况下，老师/家长给孩子讲题，他们很难听得进去，也很难听得懂，显得更"懵"、更"傻"。 随后，往往会遭到大人更猛烈的"攻击"或"放弃"。

这种消极的情绪记忆会以意象为符号储存在孩子的大脑里。 经历过这种创伤性体验的孩子接受意象对话时，他们很容易在想象中看到"懵懵的""傻乎乎的""痴呆""呆傻""木僵"这一类的人格意象。 然而，并非每个孩子都有能力自行化解，也并非每个孩子都有运气遇到足以化解这份消极体验的另一个"重要他人"。 有些孩子甚至在长大成年之后，处于被斥责、被批评、被质疑、被否定等相似的情境时，会像儿时一样，瞬间"懵"掉，变得内心慌乱、不知所措。

这些都在提示我们，在给孩子施教时，有必要关注到他们学习时的情绪状态。

二、心理教师的心理教学

下面，针对大中小幼职学校的心理教师（专职或兼职），分享意象对话在"第一课堂"心理课当中的应用。

为了便于心理教师阅读和借鉴，接下来的内容以主题课堂为例。

这些都是主题式的意象体验，每个主题可以成为一次相对独立的心理课（40～50分钟），也可与相关的心理学知识相结合，设计为一次大课（90～120分钟）。

虽然本章讲的是心理教学，但是，根据实际工作需要，以下所有主题也可以成为心理教师在咨询室里进行一对一意象对话的起始意象（60～90分钟）。

1. 探索潜能

这个意象体验的原创者是朱建军教授。他在2021年出版的《潜意识知道答案》一书中对此有较为详尽的阐述。

【意象体验】你的储藏室里有什么？

【教学目标】

引导学生探索自己潜意识里的潜能，开发未曾挖掘的长处，增强自信心，为更适合自己的学业规划和职业规划进行心理铺垫。

【指导语】

心理教师先引导学生选择一个舒服的姿势坐好，身体没有任何叠加的动作(如双手交叉、双臂抱胸、跷二郎腿、双脚交叉等)，闭上眼睛，放慢呼吸(最好采用吸气鼓肚子、呼气收肚子的深慢腹式呼吸法)。学生从头到脚都放松之后，指导其进入想象：

"想象你住在一个很古老的房子里，而这座古老的房子是你的家。看看里面有什么东西。房子里有个一直关闭的储藏室，里面存放了很多从来都没有整理过的旧东西。它可能在地下室，可能在阁楼，也可能在其他任何一个地方。请看一下，你的储藏室在哪里？

"想象你的手里提着很亮的灯，打开储藏室的门，整个房间都被照亮了。你会看到里边放了很多东西，这些东西很久没人动过了，也许上面落着灰尘。

"在想象中，你擦掉灰尘，可能用抹布，也可能用吸尘器或其他工具。擦掉灰尘后，你就可以看清房间里放着什么东西。这些东西第一眼看上去不见得很漂亮，甚至有些陈旧，但是，里面会有一些非常珍贵的东西。

"花几分钟想象一下，储藏室里都有什么东西。把它们看清楚之后，就可以离开了。渐渐地，整个想象都淡去。退出想象，有意识地回到现实世界。"

【结束体验】

结束意象体验时，心理教师需要放慢节奏，强化学生的现实感。具体操作方式是，引导学生继续闭着眼睛，关注自己的呼吸，听见客观外界的声音(如窗外的风雨声、楼道里的说话声、同学们嬉笑打闹的声音等)，脑海里的画面逐渐隐退，教师数3～5个数(如"3、2、1")，然后再让学生睁开眼睛。

【意象解读】

"储藏室"象征潜意识里未知的心理空间。储藏室里的东西，象征潜在的能力和积极的心理品质，即尚未发现、实际存在的优点。当我们不知道储藏室里那些具体东西的心理象征意义时，最简单的办法就是展开联想——把那些东西当作象征物，联想一下，它们分别具有什么功能或能力。想象它们可能跟什么心理品质有关。

譬如，在储藏室里看到一个土地公公(泥塑/瓷器，白发苍耆的小老头，一手拿龙杖/如意，一手执元宝，面相温和，总是笑眯眯的)。联想一下就知道，土地公公在中国民间被视为财神和福神，古代先民祭拜土地公公以祈求地润万物，五谷丰登。所以，这个意象可以代表性情温和，具有包容心，喜欢和平，善于调解纠纷。由此可以得到启发，储藏室意象里有土地公公的人，容易获得他人的信任，善于与人交往并合作，善于解决人际矛盾或冲突。

假如当事人在现实生活中，并未体现出这些品质，甚至认为自己是一个害怕人际冲突的人，只是因为他尚未探索到深藏在潜意识里的这些品质，还没有将其发挥出来而已。实际上，他在这方面是具有先天优势的。

2. 缓解自卑

心理学研究发现，人际交往中体现出来的矛盾、冲突或关系不顺畅，往往源于我们内心的某种矛盾、冲突或不和谐。

当一个人担心别人不喜欢自己时，其实是因为他不够自信，不相信自己可以成为一个被很多人喜欢的人，甚至不相信自己值得被爱。这种不自信让人产生自卑感——感觉自己不如别人。当这份自卑感不被面对和接纳的时候，也就无从化解。

于是，出于自我保护的需要，原本指向自己的自卑感，下意识地向外投射成"别人不喜欢我"，或演变成"担心别人不喜欢我"，再或者，滋生出一个心理需求——"我需要别人喜欢我"（在潜意识里，误以为别人不喜欢自己是一件很可怕的事情，假如别人喜欢自己，自己似乎就不至于那么"不如别人"，生活也没有那么"可怕"了）。甚至，即便别人真诚地表达或表现出对自己的喜欢，也很难相信"别人是喜欢我的""我是值得被爱的"。

越担心别人不喜欢自己，越容易发现别人不喜欢自己的"证据"，越容易忽略别人的真诚和自己身上真实存在的积极品质/优点，越觉得自己不如别人；越觉得自己不如别人，越担心别人不喜欢自己……循环往复，焦虑不断，自卑无解。

下面这个意象体验旨在缓解或化解这种自卑心理，其原创者是朱建军教授。他在 2021 年出版的《潜意识知道答案》一书中对此有较为详尽的阐述。

【意象体验】谁最担心别人不喜欢自己？

【教学目标】

引导学生在潜意识里找到最担心别人不喜欢自己的子人格（某个特定的人格意象），觉察"投射"（这里特指学生下意识地把自己的自卑感投射到别人身上），带着面对和接纳的态度，通过支持、帮助、鼓励等方法，化解内在的自卑感，进而缓解担心别人不喜欢自己的焦虑情绪，改善现实生活中的人际交往心态和人际交往状况。

【指导语】

心理教师先引导学生选择一个舒服的姿势坐好，身体没有任何叠加的动作（如双手交叉、双臂抱胸、跷二郎腿、双脚叠加等），闭上眼睛，放慢呼吸（最好采用吸气鼓肚子、呼气收肚子的深慢腹式呼吸法）。学生从头到脚都放松之后，指导其进入想象：

"在想象中，你可以看见那个最担心别人不喜欢自己的形象。或者，你在心里反复地问自己：谁最担心别人不喜欢自己？真诚地邀请他出场。

"不着急，等一等，看看这个形象长什么样子？（这句话也可以说成：看看脑海里会浮现出怎样的形象？）他可能是人，也可能是动物或其他形象。当他出现的时候，他会感觉别人不喜欢自己。

"当你在想象中看见他的时候，可以让他说说自己的不开心……

"然后，请你以他为主人公，带着你的真情实感，在想象中为他编一个美好的故事。他需要什么，你就在想象中满足他什么。比如，带他回家，帮他洗澡，换干净的衣服，剪好看的发型，给他好吃的食物、好玩的玩具等。直到他的心情好起来。

"在结束这个美好的故事之前，请你真诚地告诉他：其实，你身上有很多优点。我很喜欢你。"

【结束体验】

结束意象体验时，心理教师需要放慢节奏，强化学生的现实感。具体操作方式是，引导学生继续闭着眼睛，关注自己的呼吸，听见客观外界的声音（如：窗外的风雨声、楼道里的说话声、同学们嬉笑打闹的声音等），脑海里的画面逐渐隐退，教师数 3～5 个数（如"3、2、1"），然后再让学生睁开眼睛。

【后续指导】

一般情况下，学生完成这个意象体验之后，"担心别人不喜欢自己"的焦虑感和自卑感会得到一定程度的缓解。为了巩固自信心，进一步化解这种自卑感和焦虑感，心理教师可以指导学生：在现实生活中，每当意识到自己不那么担心别人不喜欢自己的时候，能感觉到别人对自己的态度更加友好和善的时候，在心里鼓励自己继续努力。

【意象解读】

意象里的"他"，代表想象者的自卑心理，也代表想象者对于这种自卑心理的"不接纳"态度。

"让他说说自己的不开心"，象征想象者带着觉察释放自己的消极情绪（带着觉察释放消极情绪，具有疗愈性）。

"以他为主人公，带着你的真情实感，在想象中为他编一个美好的故事"，体现的是想象者勇于面对和接纳自己的自卑感，并愿意在潜意识里自我滋养。

"他需要什么，你就在想象中满足他什么"，体现的是潜意识里的自我疗愈和自我满足。

"请你真诚地告诉他：其实，你身上有很多优点。我很喜欢你。"意味着想象者尝试着进行自我肯定/自我认可，以及真诚的自我接纳。

3. 探知愿望

这个意象体验的名称叫"愿望商店"，用来探知内心深处的真实愿望，适于进行价值观教育。原创者是意象对话心理师曹昱老师。

【意象体验】愿望商店。

【教学目标】

引导学生探索内心深处的真实愿望，帮助自己做出有觉知的选择，增强其现实感和自我责任感。同时，让学生明白，任何愿望的实现都需要一定的付出和努力，即价值体系的交换。

【指导语】

心理教师先引导学生选择一个舒服的姿势坐好，身体没有任何叠加的动作（如双手交叉、双臂抱胸、跷二郎腿、双脚叠加等），闭上眼睛，放慢呼吸（最好采用吸气鼓肚子、呼气收肚子的深慢腹式呼吸法）。学生从头到脚都放松之后，指导其进入想象：

"想象你走进一家神奇的商店，名叫愿望商店。店里摆放着许多抽屉，每个抽屉里都有一个愿望。在打开抽屉之前，你并不知道每个抽屉里的愿望是什么。你只能选择其中的一个，并且要去交换。

"现在，请你选择其中的一个抽屉，打开它，看看里面装着什么东西。拿走这个东西之后，要在抽屉里留下一件东西。然后，关好抽屉，离开愿望商店。"

【操作要点】

无论学生在想象中选择了什么愿望，无论心理老师对这些愿望（从抽屉里拿走的东西）了解多少，也无论对实现愿望的各种付出（留在抽屉里的东西）了解多少，都要以"无条件接纳"的态度来对待，鼓励学生把想象的内容以及感受全部说出来——不评价，不指责，不批评，不嘲笑，不打击。

【结束体验】

结束意象体验时，心理教师需要放慢节奏，强化学生的现实感。具体操作方式是，引导学生继续闭着眼睛，关注自己的呼吸，听见客观外界的声音（如：窗外的风雨声、楼道里的说话声、同学们嬉笑打闹的声音等），脑海里的画面逐渐隐退，教师数3～5个数（如"3、2、1"），然后再让学生睁开眼睛。

【意象解读】

这个体验里的"抽屉"意象代表潜意识。在想象中"只选择其中的一个抽屉",象征当下潜意识所做出的选择。"抽屉里装的东西",象征潜意识里的愿望。"只打开其中的一个抽屉,并拿走抽屉里的东西",代表当下潜意识所选择的愿望。

拿走愿望,"留在抽屉里的东西",象征潜意识里的付出或努力。这种付出或努力是用来实现愿望的。例如,拿走一本书,留下一块表——愿意用时间换取知识,换取理性智慧;拿走一块宝石,留下一个玩具——愿意放下一些"玩心",去追求更高的人格境界/心灵成长状态;拿走一支龙头拐杖,留下童年时代戴在头上的发卡——愿意舍弃某种情感,追求较高的社会地位,以获得权威感、权力感和控制感。

4. 和谐内心

这个意象体验的原创者是朱建军教授,《意象对话临床技术汇总》(第2版)有相关论述。

【意象体验】家庭照片。

【教学目标】

使学生进一步了解自己内心深处的家庭面貌,促动自我接纳、自我理解、自我沟通的能力,以提升内心的和谐度。

【指导语】

心理教师先引导学生选择一个舒服的姿势坐好,身体没有任何叠加的动作(如双手交叉、双臂抱胸、跷二郎腿、双脚叠加等),闭上眼睛,放慢呼吸(最好采用吸气鼓肚子、呼气收肚子的深慢腹式呼吸法)。学生从头到脚都放松之后,指导其进入想象:

"你的脑海里逐渐浮现出一张家庭照片。这张照片,你可能在现实生活里见过,也可能没见过,这没有关系,只尊重你脑海里当下的想象就好。

"请仔细观察,照片上面都有谁?每个人的位置、样子、穿戴、表情、姿势……分别是怎样的?看着这张家庭照片,你有什么感觉?

"如果你对照片上的某个人或某几个人,有想说的话,有想表达的心情，就在想象中说给他们听。

"照片上的每个人，都可以像你这样，相互表达自己的真情实感。

"彼此的表达结束之后，请你在想象中，把一种神奇的液体涂到照片上，原来的图像会渐渐消失，而显示出一张新的照片来。照片上的每个人都变成了新的样子，也许仍然是人的样子，也许不是，照片上的场景也可能会发生变化。你看一看，变化之后的照片是什么样子？

"看着这张新的家庭照片，你是什么感觉？

"如果你在整个想象的过程中，有思念，有感动，有感谢，释放了压抑的心情，或者表达了真实的愿望，可以记住这些美好的情感和心情，并把这张新的家庭照片存放在自己身体的某个部位。"

【操作要点】

鼓励想象者以及家庭照片上的每个人真诚、勇敢地表达自我，相互沟通，让想象者和照片里的每个人都有表达自己的机会。

【结束体验】

结束意象体验时，心理教师需要放慢节奏，强化学生的现实感。具体操作方式是，引导学生继续闭着眼睛，关注自己的呼吸，听见客观外界的声音(如窗外的风雨声、楼道里的说话声、同学们嬉笑打闹的声音等)，脑海里的画面逐渐隐退，教师数 3～5 个数(如"3、2、1")，然后再让学生睁开眼睛。

5.测查心理问题

这个意象体验的原创者是意象对话心理师赵燕程老师，《意象对话临床技术汇总》(第 2 版)有相关论述。

【意象体验】"西瓜地"。

【特别说明】

作为一个水果意象(水果意象的普遍性象征意义是：在性方面的自我认定)，"西瓜"本身并不象征心理问题。研发者只是出于咨询和教学的目的，借用"西瓜"这个意象，赋予其特定的意义，并仅运用这个特定的意义开展心理咨询与相关的教学活动。

因此，心理教师在理解和运用"西瓜地"意象练习时，请勿将其与"西瓜"的普遍性象征意义相混淆。

【教学目标】

"西瓜地"意象体验可用来测查学生的心理问题是否成熟到可以解决的地步，由此呈现学生已经意识到的心理问题的整体现状，呈现学生当前适于解决的问题，以探索其核心问题。

以上教学目的有助于后续针对性的个案心理咨询。若发现某个共性的心理问题，有助于心理教师进行后续有针对性的团体心理辅导。

【指导语】

心理教师先引导学生选择一个舒服的姿势坐好，身体没有任何叠加的动作(如双手交叉、双臂抱胸、跷二郎腿、双脚叠加等)，闭上眼睛，放慢呼吸(最好采用吸气鼓肚子、呼气收肚子的深慢腹式呼吸法)。学生从头到脚都放松之后，指导其进入想象：

"想象眼前有一片属于你的西瓜地。你走进去，看到一些西瓜上面贴着标签。它们提示你，这是你需要解决的各种问题。

"你仔细看一看都是些什么问题。然后，拍一拍，或者听一听，感觉一下哪些瓜熟了。

"现在，从中找一个你现在最想解决的问题，感觉一下这个瓜熟了没有。如果熟了，就打开它；如果没熟，就再等等，别打开它，让它在地里继续长。"

【操作要点】

(1)引导学生检查西瓜的成熟度时，心理教师不必担心他们检查不出来。临床实践表明，几乎所有的来访者都能够在想象中通过直觉、观察(如裂口)、轻拍、掂量、聆听等方式，感觉到西瓜的成熟度。

(2)西瓜的成熟程度，代表心理问题的不同状态。比如，生瓜象征该问题不适于当下解决；腐烂了的瓜，或者一打开就流汤的瓜，代表情绪泛滥；半生半熟的瓜，象征想象者对这个心理问题的自知度不够，并且需要等待恰当的咨询时机……如果遇到不熟悉或未曾见过的西瓜状态，请心理教师运用"具体化"等技术协助学生澄清。

（3）秉承"以人为中心"的心理咨询原则，以及意象对话心理学一贯坚持的工作原则，切勿轻易引导学生在想象中打开不熟的西瓜！否则，这将意味着拿学生冒险。

（4）如果学生在想象中自行打开不熟的西瓜（如：用刀切开生瓜，用手猛拍致使生瓜出现裂纹等），一经发现，请心理教师务必引导学生在想象中将瓜合上，放回地里继续生长。一般情况下，这样的西瓜可能会留下伤痕（有伤痕的西瓜意象），这代表想象者的自我伤害或过于迫切的心情，在进行个案咨询时，需要关注。

【结束体验】

结束意象体验时，心理教师需要放慢节奏，强化学生的现实感。具体操作方式是，引导学生继续闭着眼睛，关注自己的呼吸，听见客观外界的声音（如窗外的风雨声、楼道里的说话声、同学们嬉笑打闹的声音等），脑海里的画面逐渐隐退，教师数 3～5 个数（如"3、2、1"），然后再让学生睁开眼睛。

6. 纾解受困的内心

这个意象体验的原创者是意象对话心理师孙淑文老师，《意象对话临床技术汇总》（第 2 版）有相关论述。

【意象体验】笼子里的动物。

【教学目标】

引导学生探索内心受困的状态，带着觉察释放压抑的消极感受和消极情绪，促使心理能量自然地流动，从而改善学生的现实状态，能够以更好的精神面貌去学习、生活、开展人际交往等。

【指导语】

心理教师先引导学生选择一个舒服的姿势坐好，身体没有任何叠加的动作(如双手交叉、双臂抱胸、跷二郎腿、双脚叠加等)，闭上眼睛，放慢呼吸(最好采用吸气鼓肚子、呼气收肚子的深慢腹式呼吸法)。学生从头到脚都放松之后，指导其进入想象：

"想象自己走在一条通往过去的路上。这是一条什么样的路？路两边的场景是怎样的？带给你什么感觉？

"沿着这条路一直往前走，你会看到一个院子。观察一下这个院子的样子。体会一下此时自己的心情。

"在这个院子里(或者其他位置)，有一个笼子。笼子在什么位置？这是一个什么样的笼子？笼子的材质是什么？看见它，你有什么感觉？

"笼子里有一只动物，看看是什么动物。它的颜色、表情、状态、心里的感觉是怎样的？

"在想象中，笼子和动物都会说话，会像人一样表达各自的感受、需求和愿望等。请你体会一下，笼子和动物之间会说什么话？"

【操作要点】

关于笼子意象和动物意象的互动，需要注意：

引导学生在想象中看清楚"笼子里的动物"的具体状态，体会"动物"的感觉，让"动物"将自己的感觉表达给"笼子"听。确认"笼子"听到后，体会"笼子"的感受，并表达给"动物"听。依次反复，不断地体验"笼子"和"动物"各自的感受、需求、愿望等，不断地表达和沟通，直到"笼子"与"动物"和解，能够相互理解和接纳。

【结束体验】

结束意象体验时，心理教师需要放慢节奏，强化学生的现实感。具体操作方式是，引导学生继续闭着眼睛，关注自己的呼吸，听见客观外界的声音(如窗外的风雨声、楼道里的说话声、同学们嬉笑打闹的声音等)，脑海里的画面逐渐隐退，教师数3～5个数(如"3、2、1")，然后再让学生睁开眼睛。

【意象解读】

"院子"象征家庭环境的状态及其对孩子的影响。"笼子"象征内心控制和压抑。"笼子里的动物"象征被压抑或受困扰的心理内容。

（1）"笼子"意象

常见的笼子意象有铁质、木质、竹质三类，也有木笼子带铁丝网等情况出现。还会出现一些特殊的笼子意象，如竹筐、背篓、鸟笼等。

铁笼子往往象征沉重、坚固、冰冷、没感情，象征父母控制孩子的方式比较严格，缺少情感的滋养。木笼子和铁笼子的区别在于，木笼子少了一些冰冰的感觉。竹笼子相对有点儿弹性，会有一定的自由度。

笼子框的粗细，代表压抑或困扰的力度。粗的，力度大一些；细的，力度小一些。

笼子缝隙的大小，象征被压抑或受困扰的程度。缝隙小，感觉被压抑或受困扰的程度较重；缝隙大，感觉被压抑或受困扰的程度较轻。

笼子所在的位置，也有象征意义。常见的有三种位置：一是放在院子里，象征儿时感受到较少的关心、关怀或关注；二是放在过道或走廊上，象征儿时所感受的关心比较少，不太被重视；三是放在屋子里，象征儿时感受到较多的关注、关心、关怀或被重视。

（2）"笼子里的动物"意象

动物意象的个头大小，象征心理能量的大小。"笼子里的动物"的个头大小，代表被压抑或受困扰的心理能量的大小。

笼子里的动物意象的具体状态，代表被压抑或受困扰的具体影响，如：小鸟被关在很狭小的笼子里，完全飞不起来，代表精神自由被限制，或者说，丧失了精神上的自由感；老虎被关在铁笼子里，虽能站起来，也能来回走动，但空间较小，活动范围很受限制，代表某些先天所具有的积极品质被打压，很多时候无法充分展现，如自信、勇敢、坚定、承担、领导才能等。

（3）"笼子里的动物"与"笼子"之间的空间

"笼子里的动物"与"笼子"之间的空间大小，象征内心自由活动的程度。

7. 自我疗愈

这个意象体验的原创者是意象对话心理师张胜洪老师，《意象对话临床技术汇总》(第 2 版)有相关论述。

【意象体验】制药人。

【教学目标】

引导学生运用自身所具有的心理资源，进行有针对性的自我疗愈；树立自我成长意识；提高自我成长能力。

【指导语】

心理教师先引导学生选择一个舒服的姿势坐好，身体没有任何叠加的动作(如双手交叉、双臂抱胸、跷二郎腿、双脚叠加等)，闭上眼睛，放慢呼吸(最好采用吸气鼓肚子、呼气收肚子的深慢腹式呼吸法)。学生从头到脚都放松之后，指导其进入想象：

"想象你是一个采药人，来到一个地方。这个地方可能是山谷、草地，也可能是高山、森林……

"你发现这里有很多的药材可以用来制药。你用自己的方式把这些药采回来，进行加工，制成药，把药放在一个容器里。

"请为你制作的药写一份使用说明书，内容包括：药名、主要的药材、功能、使用方式和注意事项。写好之后，把它和药放在一起。

"体会一下，你想把这种药送给一个什么样的人？你想帮助他解决什么问题？

"如果愿意的话，你可以询问一下这个人用药之后的效果，以便继续完善这种药。"(这句指导语是作者针对心理教师的第一课堂教学自行补充的，请各位读者酌情使用)

【结束体验】

结束意象体验时，心理教师需要放慢节奏，强化学生的现实感。具体操作方式是，引导学生继续闭着眼睛，关注自己的呼吸，听见客观外界的声音(如窗外的风雨声、楼道里的说话声、同学们嬉笑打闹的声音等），脑海里的画面逐渐隐退，教师数 3～5 个数（如"3、2、1"），然后再让学生睁开眼睛。

【意象解读】

想象中的"采药人"和"制药人"代表具有自我疗愈和自我成长能力的那部分"自己"。"药材"象征想象者原本所具有的各种心理资源。"制药"代表想象者在潜意识里整合心理资源。"使用说明书"代表进行自我疗愈和自我成长时的自我提醒。意象里"被帮助的人"，象征需要被疗愈的心理内容。

8. 建设亲子关系

这个意象体验的原创者是意象对话心理师曹昱老师。《做温暖的父母——理解孩子的心理语言》一书中有所论述。

【意象体验】神奇的礼物盒。

【教学目标】

引导学生探索内心深处与父母的关系；关注自己的内在需要和真实感受；关注与父母的内在互动模式；通过意象互动的方式，主动建设内在的亲子关系。

【指导语】

心理教师先引导学生选择一个舒服的姿势坐好，身体没有任何叠加的动作（如双手交叉、双臂抱胸、跷二郎腿、双脚叠加等），闭上眼睛，放慢呼吸（最好采用吸气鼓肚子、呼气收肚子的深慢腹式呼吸法）。学生从头到脚都放松之后，指导其进入想象：

"在想象中，先邀请妈妈出场。看看妈妈的年龄、样子、穿着。她的手里有一个神奇的礼物盒，里面装着一只年龄不大的动物。在打开之前，谁都不知道是什么动物。

"现在，请妈妈打开礼物盒，看看里面是一只怎样的动物。它的年龄虽然不大，但因为是在想象里，所以，它的个头可能很大，也可能很小。

"看清楚这是什么动物之后，妈妈会把它带出礼物盒，放在一个让妈妈自己感觉很安全的地方。这是一个非常具体的地方(如带回家,放在卧室的床头柜上;放在客厅的沙发上……)。

"放在让妈妈自己感觉很安全的地方之后,妈妈会给它喂吃的。请仔细观察,妈妈正在给它吃什么。这个食物的颜色?形态?味道?动物感觉好吃吗?好咀嚼吗?好吞咽吗?能吃饱吗?

"如果动物对这个食物不太满意,想吃其他的东西,可以真诚地告诉妈妈。确认妈妈听到自己想吃什么之后,耐心等候。动物也可以放弃表达,如果选择了放弃表达,请体会一下,它是带着什么心情放弃的。如果妈妈满足了自己的需要,动物也可以回应一下妈妈。

"接下来,邀请爸爸出场。看看爸爸的年龄、样子、穿着。他的手里也有一个神奇的礼物盒,里面也装着一只年龄不大的动物。在打开之前,谁都不知道里面是什么动物。

"现在,请爸爸打开礼物盒,看看里面是一只怎样的动物。它的年龄虽然不大,但因为是在想象里,所以,它的个头可能很大,也可能很小。

"看清楚这是什么动物之后,爸爸会把它带出礼物盒,放在一个让爸爸自己感觉很安全的地方。同样,这也是一个非常具体的地方。

"放在让爸爸自己感觉很安全的地方之后,爸爸会给它喂吃的。请仔细观察,爸爸正在给它吃什么。这个食物的颜色?形态?味道?动物感觉好吃吗?好咀嚼吗?好吞咽吗?能吃饱吗?

"如果动物对这个食物不太满意,想吃其他的东西,可以真诚地告诉爸爸。确认爸爸听到自己想吃什么之后,耐心等候。

"动物也可以放弃表达,如果选择了放弃表达,请体会一下,它是带着什么心情放弃的。

"如果爸爸满足了自己的需要,动物也可以回应一下爸爸。"(这部分指导语是作者针对心理教师的第一课堂教学自行补充的,请各位读者酌情使用)

【结束体验】

结束意象体验时,心理教师需要放慢节奏,强化学生的现实感。具体操作方式是，引导学生继续闭着眼睛，关注自己的呼吸，听见客观外界的声音(如窗外的风雨声、楼道里的说话声、同学们嬉笑打闹的声音等)，脑海里的画面逐渐隐退，教师数 3~5 个数(如"3、2、1")，然后再让学生睁开眼睛。

【操作要点】

(1)关注重点：在想象中，父母安放动物的地点和提供的食物，是否与动物的天性相匹配？是否能够基本满足动物的需要？着力点在于"动物"意象的身体感受和情绪感受。

(2)引导重点：鼓励学生在想象中充分表达和互动，提升其建设内在亲子关系的能力，加强与父母之间的情感链接，以进一步促进内心和谐。

【意象解读】

意象里的"妈妈"和"爸爸"分别代表"我心目中的妈妈""我心目中的爸爸"(意象里的父母并不与现实层面的父母简单对应，是学生在潜意识里主观加工后的父母形象)。

"礼物盒"既可以象征潜意识，也可以象征子宫。

"礼物盒里的动物"代表潜意识里的自己——"妈妈的礼物盒里的动物"，代表"妈妈给予我的性格特点，以及在我的潜意识里，妈妈把我当什么动物养"；"爸爸的礼物盒里的动物"，代表"爸爸给予我的性格特点，以及在我的潜意识里，爸爸把我当什么动物养"(动物意象，象征人的性格特点)。

爸爸妈妈各自安放动物的"地点"，有两层含义：一是呈现出父母各自的安全感状态(安全感越强，安放动物的地点越符合动物的天性，越让动物既有安全感，也有精神自由感)；二是受父母影响，孩子所获得的安全感的状态。

"食物"象征精神营养。在"神奇的礼物盒"意象对话过程中，"妈妈""爸爸"为"动物"提供的精神营养，主要是指在想象者的潜意识里，他所感受到的父母对待自己的教养态度和教养方式。关于这一点，需要注意以下两个方面。

其一，从心理健康和人格发展的角度而言，"食物"意象越能满足"动物"意象的需要（如充分、适当、有尊重、有喜爱、有关怀等），就越符合想象者的心理发展需要。

其二，在这个体验里，符合想象者心理发展需要的"食物"意象，有两种常见的情况：

一是基本与现实动物的饮食习惯相吻合。例如：动物界的老虎吃生肉，"妈妈"/"爸爸"在意象里给"老虎"喂的是生肉，"老虎"意象吃得很开心；动物界的兔子吃青草或蔬菜，"妈妈"/"爸爸"在意象里给"兔子"喂的是胡萝卜，"兔子"意象吃得很满意；动物界的蚕宝宝的最佳食品是桑叶，"妈妈"/"爸爸"在意象里给"蚕宝宝"喂的是桑叶，"蚕宝宝"意象吃得很高兴……

二是虽然与现实动物的饮食习惯明显不同，但意象里的动物能够基本吃饱，心情也比较好。例如："妈妈"/"爸爸"在意象里给"老虎"喂的是一大锅玉米粥，"老虎"意象虽然想吃鸡，但感觉喝粥也挺开心的；"妈妈"/"爸爸"在意象里给"兔子"喂的是豆腐，"兔子"意象感觉也挺香的……之所以出现这种情况，主要是源于想象者对父母的接纳度和理解度比较高。他们心里明白，父母已经尽力给了自己最好的爱。所以，他们愿意承接和认可父母的这种爱。即使存在些许的缺憾感，他们也不会抱怨/责怪父母。并且，他们有能力承担/消解缺憾感。

第三章
心理管理能力

心理管理能力（psychological capability for management）是将心理学的理念、知识、方法和技术应用于班级管理或校园管理的能力。

管理针对的是团体或组织，所以，教师的管理心理能力更多以团体心理辅导的方式来呈现。也许你会说："我不是班主任，这事跟我没关系。"其实不然。每一位教师都或有形或无形地卷入班级管理和校园管理工作之中，即使没有行政职务，亦非中高层管理者，仍然可以树立管理意识，结合自己的个性特点和所授课程，施展自己的管理才华。

为了方便教师操作，本章列举一些不同主题的团体辅导活动，以供参考。各位教师可以根据实际的工作需要和具体情况进行个性化的改良。

无论采用哪个主题的团辅活动，我们都"不忘初心"——在活动结束时，请教师站在更高的视角进行点评和总结，升华主题。

一、班级团队建设

1."寻找我的守护星"

【活动目的】

（1）指导学生在团队中真诚付出与合作；

（2）营造团结友善互助、彼此支持鼓励的班级氛围；

（3）每位同学都有机会体验帮助与被帮助的积极感受，强化班级归属感。

【适用对象】小学生至高中生均可。

【适用人数】人数不限。

【活动场所】室内（最好是班级所在的教室）。

【活动时长】启动约需 20 分钟；整个活动的时长一般为 3 天~1 周。

【材料准备】与班级人数数量相同的小纸条；收纳小纸条的盒子。

【活动程序】

（1）守护星分配。

发放小纸条，每位同学写上自己的名字并折好。折好的纸条全部收回到盒子里。所有同学依次抽出一张，偷偷看清纸条上的名字，折好后自行保存。

如果抽到的纸条上是自己的名字，就将其折好并放回盒子，重新抽取。直到每位同学都拿到一张写着别人名字的纸条。提醒同学们：在抽取和观看纸条时要小心，不要让其他人（包括老师）知道自己抽取的名字。

（2）教师引入。

教师讲一段指导语：

"我们每个人都有一个'守护星'，同时，我们每个人也是别人的'守护星'。你抽取的纸条上写着谁的名字，你就成了谁的'守护星'。在活动期间，你的职责就是悄悄地关心他、帮助他，但不能让他觉察到。

讲台边的桌子是'守护角'，你可以悄悄地准备一份小礼物或一张小卡片，写上他的名字。在活动结束前，我会帮你转交给他。在活动结束前，请你默默地做好'守护星'，也默默地享受你的'守护星'对你的关心和帮助。"

（3）守护行动。

教师选择一个相对稳定的时间（如晨读、放学前、晚自习等），每天公开分发"守护角"的小礼物/小卡片。当着全体同学的面，念出礼物/卡片上的名字。

（4）守护星认领。

带领同学们回顾自己在活动期间得到过"守护星"的哪些关心和帮助，留出足够的时间进行猜测或推断：谁是自己的"守护星"？如果猜对了，鼓励获得关心和帮助的同学用自己喜欢、对方也能接受的方式公开致谢"守护星"。

（5）集体分享。

如果班级人数较多，分享环节可以分组进行。

完成全部的守护星认领之后，组织同学们分享以下问题：

• 你是谁的"守护星"？你为他做了什么？

• 你的"守护星"是谁？你感觉他为你做了什么？

• 回忆这几天以"守护星"身份默默关心和帮助别人的情景，你有何感受？

• 默默地接受别人的关心和帮助，你有何感受？

• 当你知道身边的人都在悄悄地互相关心、互相帮助，你有何感受？

2. 人际大富翁

【活动目的】

（1）指导学生打破人际交往中的隔阂；

（2）营造彼此接纳、温暖和谐的班级氛围；

（3）每位同学都有机会体验到被接纳的积极感受，强化班级归属感。

【适用对象】小学生至高中生均可。

【适用人数】人数不限。

【活动场所】室内和室外均可。

【活动时长】40 分钟左右。

【材料准备】1 个色子；与班级人数数量相同的"动作卡片"；1 个盒子。

"动作卡片"的内容设计可以重复，但都必须是比较容易完成的肢体动作或言语动作。 其中，必须有一张写的是："对，就是你，从你开始！"

其余的可以是"请和我握手""请微笑着耸耸肩""请给你自己鼓鼓掌""请向我微笑、问好""请拉着我的手，和我左右两边的两个人一起转 3 圈""请和我比一比看谁跳得高""请代表我，和你左右两边的两个人握握手""请代表老师向全班同学比心""请代表全班同学跟老师打个招呼""如果你是男生，请模仿女生走路的样子；如果你是女生，请模仿男生走路的样子"……

教师还可以在 1 张卡片上设计多人参与的动作内容，如"从我开始，按照顺时针方向，依次和所有的人握手、微笑"。

温馨提示：

　　如果是给青春期的同学设计"动作卡片"，需要避免过多的肢体接触，以避免引起部分同学的不适感。

【活动程序】

（1）所有同学围成一个单层圈，站好（若在室内，需将桌椅移至墙边）。

（2）每个同学从教师的盒子里拿一张"动作卡片"；确认手里拿着"对，就是你，从你开始！"卡片的同学，活动从这个同学开始——他掷一下色子，根据色子上的数字，按照顺时针的方向，走到相应的那个同学的面前，再按照那个同学手里的"动作卡片"完成规定动作。

例如，他掷色子的数字是 3，按照顺时针方向走到他左手边的第 3 个同学面前，看一眼这个同学手里的"动作卡片"，上面写着："请原地跳两下，开心地大声说，我来上学啦！"，完成卡片上的肢体动作和言语动作。

然后，二人交换位置，交换卡片。手拿"对，就是你，从你开始！"卡片的同学掷色子。按照前述的规则继续。

当所有的同学基本轮流一遍之后，这个环节结束。

（3）分组分享。教师根据活动场所的具体情况进行分组，每组 6～8 人为宜。

• 当一个不太熟悉的人走过来和你握手或做其他动作的时候，你有何感觉？

• 当轮到你掷色子的时候，是什么感觉？

• 当你完成卡片上的动作之后，有何感觉？

二、价值观与生涯规划

1. "价值观大拍卖"

【活动目的】

（1）指导学生了解价值观的分类；

（2）帮助学生明确自己的价值取向。

【适用对象】初中生；高中生；大一或大二的大学生。

【适用人数】人数不限；30 人以内效果较好。

【活动场所】室内和室外均可。

【活动时长】40 分钟左右。

【材料准备】

（1）教师事先在一张海报纸上写好"价值观清单"（也可用多媒体呈现）。清单上不要出现"价值观"字样。清单的内容可以由教师独自确定，也可以先从学生当中收集，然后进行调整和补充。

清单所列的价值观的数量在 20 个左右较为适宜。以下价值观可供参考：

公平公正、自由平等、人道主义、爱国、诚信、智慧、自信、独立、快乐、幸福、勇敢、梦想、成就、和平、理智、才华、财富、权力、健康、美丽、关爱、助人、整洁、心胸宽广、有责任心、有修养……

（2）教师制作面值 1000 元的卡片作为代币，每人 20 张，卡片尺寸：8 × 10cm。

【活动程序】

（1）所有同学围坐成 U 型，留出足够大的活动空间；张贴/呈现价值观清单。

（2）教师发放卡片（代币），每个同学 20 张（相当于 20000 元）。

（3）教师讲一段指导语：

"大家都知道拍卖吧？ 拍卖就是把一件物品作为拍卖品，并规定一个底价。 竞拍者分别出价，最后谁出的价最高，谁就会最终拥有这件物品。 我们今天玩儿一次拍卖游戏。

"我是拍卖者，你们全都是竞拍者。 我会依次拍卖清单上的每一件东西。 现在，你们每个人的手里都有 20 张面值为 1000 元的代币。 你们通过举手来竞拍清单上的每一件东西。 每件东西的底价是 1000 元，大家每次加价也只能是 1000 元。

"每个人都有权自由分配手里的代币。 如果代币用完了，不能继续参加竞拍，只能旁观别人竞拍。 最后谁出的价最高，这件东西就是谁的。"

拍卖游戏正式开始之前，教师提醒大家："不要盲目竞拍。 想清楚自己最想要的是什么。 请慎重竞拍。"

（4）确认同学们都清楚拍卖流程之后，拍卖游戏正式开始。 教师按照顺序，依次拍卖清单上的每一件东西。 注意：要让举手最快的同学先加价，直至每一件东西都卖给了出价最高的同学。

（5）拍卖环节结束后，教师组织学生稍做讨论：清单上的这些拍卖品是什么？ 然后，适时写下/呈现"价值观"字样，告诉大家：今天的拍卖品有一个共同的名字——价值观。

为了帮助同学们重新体验并明确自己的价值观，教师可以进行随机采访："你为什么选择竞拍这个价值观？ 它对于你来说意味着什么？ 或者，它对于你来说有什么意义？"

（6）根据教师进行心理管理的实际需要，可以在"价值观大拍卖"活动结束后布置一个心理作业，让同学们深入思考一个问题：哪些因素影响了我在价值观上的选择？

2. 失落的世界

【活动目的】

（1）帮助学生明确自己的价值观；

（2）培养生涯规划意识；

（3）初步进行生涯规划。

【适用对象】初中生；高中生；大一或大二的大学生。

【适用人数】人数不限。

【活动场所】室内。

【活动时长】30 分钟左右。

【材料准备】与学生人数相同数量的 A4 白纸、黑色签字笔和红笔。（若条件允许，学生自备黑色签字笔和红笔亦可）

【活动程序】

（1）教师说一段指导语：

"我们每个人每天在收获很多的时候，同时也在失去一些东西。比如，你在努力学习的时候，会失去玩乐的时间；你在独自打游戏的时候，会失去跟同伴交流的时间；将来你在努力工作的时候，可能会忽略对父母的照顾……你在得到的同时，也会失去一些东西。所以，珍惜自己最看重的东西是非常重要的。那么，你自己最看重的是什么呢？"

（2）教师让同学们把 A4 白纸妥善放好，不要折出痕迹。先用黑色签字笔在白纸最上端的中间位置写上：＊＊＊的世界（＊＊＊是学生自己的姓名）。

随后，让同学们在 5 分钟之内把自己看重的 10 个事物列在白纸上。可以是具体的事物，如父亲、母亲、朋友、宠物、金钱等；也可以是抽象的，如诚信、善良、勤奋、健康、亲情、友情、爱情、成功等。

当所有的同学都列出自己看重的 10 个事物之后，教师要求学生必须从自己的世界里先删除其中的 1 个，并且用红笔把要删除的字迹全部涂掉，不留一点痕迹。同时，引导同学们体会失去这个事物时的感受。

然后，依次删除剩下 9 个事物中的 8 个。随着删除的难度逐渐加大，教师可以适当给同学们多留一点思考和决策的时间。

最后，每个学生的纸上仅留下 1 个最为看重的事物。

【注意】

·对于低年级的中学生，可以只要求写出 5～7 个自己认为重要的事物。

·如果班里的多数同学都感觉只保留 1 个太难了，可以保留 3 个，以免引发群体性的消极情绪。

·"删除"环节比较容易给同学们带来丧失感、悲伤、害怕、焦虑等消极感受，教师应注意情绪安抚，并适时调整活动节奏。对于情绪反应比较强烈的同学，需在活动结束后进行一对一的沟通，既了解具体情况，也缓解其情绪。若教师觉得超出了自己的承受能力或工作能力，请务必建议该生到学校心理咨询中心接受专业辅导，并为该生保密。

（3）集体分享/分组分享。分享要点：

·为什么看重这 10 个事物？

·在删除的过程中，自己有哪些想法和感受？

·为什么最后保留的是这个/这几个事物？

·怎样才能保留住或实现最后的这个/这几个事物？或者，明确了自己最看重的事物之后，你会采取哪些措施？

三、激发学习动力

1. "探索之旅"

【活动目的】

（1）了解不同职业类型的特点；

（2）指导学生发现适合自己的职业类型；

（3）以职业兴趣为导引，激发学生的学习动力。

【适用对象】初中生；高中生；大一或大二的大学生。

【适用人数】人数不限；30～50 人效果较好。

【活动场所】室内。

【活动时长】40 分钟左右。

【材料准备】轻松欢快的音乐；每位同学 1 张采访单和 1 支签字笔；6 张尺寸为 50×100cm 的标牌，标牌上分别写着：艺术岛、社会岛、企业岛、研究岛、技术岛、传统岛。

【场地布置】教师提前将 6 张标牌分别摆放在教室的 6 个不同的地方；每个标牌的旁边摆放 6～10 把椅子（根据学生的总人数确定椅子的数量）

【活动程序】

（1）教师给每个同学发放 1 张采访单和 1 支签字笔。

（2）教师讲一段指导语：

"在遥远的大海上有 6 座小岛。每个岛上都住着一群个性和职业相似的居民。我们都是探险者。现在，我们要到这些小岛上去采访当地的居民，了解他们的生活。但是，每个人只能选择去一座岛。请大家根据自己的兴趣选择其中的一座岛。

"第一座岛叫'艺术岛'。这里的居民都富有想象力和创造力，崇尚自由，追求理想。他们大多从事艺术、写作或设计方面的工作。

"第二座岛叫'社会岛'。这里的居民温和友善，喜欢与人交往，乐于助人。他们大多是中小学老师或幼儿园老师、护士、社会工作人员等。

"第三座岛叫'企业岛'。这里的居民思维敏捷、能言善辩、冲劲十足，喜欢接受挑战。他们大多是律师、企业管理人员或创业者。

"第四座岛叫'研究岛'。这里的居民崇尚科学和真理，善于观察、思考、分析，逻辑思维强，喜欢研究各种事物。他们大多是科研人员、大学老师、医生或哲学家。

"第五座岛叫'技术岛'。这里的居民踏实沉稳，勤劳灵巧，喜欢创新，凡事都喜欢自己动手。他们大多从事农业、工业、软件开发、人工智能、工程设计等技术性比较强的行业。

"第六座岛叫'传统岛'。这是一个非常井然有序的社区。这里的居民冷静理智，做事一丝不苟，善于恪守原则，对于处理文案、数字、完成任务等很有耐心。他们大多是军人、警察、消防人员、会计师、翻译官、图书管理员等。"

（3）每个同学有1分钟的时间找到自己喜欢的小岛，并在小岛的椅子上坐好。 如果某个小岛的椅子已经坐满了，应尽快选择其他的小岛，坐好。

当所有同学都坐好之后，可以两两结合：一个扮演采访者，一个扮演岛上的居民。 如果班级人数是单数，可以安排某个组为三个同学，其中一个角色是"观察者"（在"采访者"采访"居民"的过程中，"观察者"不说话，认真观察"采访者"和"居民"的交流过程）。 三人一组同样需要按照下述规则轮换角色，以确保每个同学都扮演过本组的所有角色。

确定角色后，教师宣布：

"5分钟的采访活动正式开始！在这5分钟内，采访者需要提出以下几个问题，并做好记录：

· 你为什么选择这个岛居住？

· 你所选择的是什么职业？ 它有什么特点？

· 你选择这个职业的原因是什么？ 你想通过这个职业获得什么？

· 你认为自己身上的哪些优点可以帮助你做好这个职业？ 你还需要做些什么准备？"

（4）教师控制好时间。 宣布第一轮采访结束后，让学生互换角色，进入第二轮采访。 采访规则和采访内容同上。

（5）分享感受。

教师确认所有同学都扮演过本组的所有角色之后，进入最后的分享环节。教师可以随机邀请同学分享采访感受。

请注意提醒"采访者"保持尊重的态度：只有在"被采访者"同意的情况下，"采访者"才能公开其采访内容。

（6）集体讨论。

"分享"环节结束后，教师可以引导同学们讨论：

社会上的一些新兴职业属于哪个类型？（如直播销售员、电游师、商品体验师、酒店试睡员、团购砍价师、影视甄别纠错员……）

这些新兴职业的从业者需要具备怎样的素质和能力？

【注意】

教师应强调每个人都是独一无二的，每个人都有自己独特的人格特点，也都有不同的价值取向。心理学家认为，适合每个人的职业也不尽相同；总有一些职业适合自己，而另一些不适合。职业本身无贵贱，但存在是否适合自己的问题。鼓励同学们有意识地加深对自己的了解和接纳，也有意识地去探索：什么职业是更适合自己的？为此，自己需要从现在开始做哪些准备和努力？

【活动变式】

教师可以根据自己进行心理管理的具体目标，对于此项活动的采访环节进行调整。例如：

（1）假设每个学生有 7 天假期，可以选择去 3 个小岛度假。让每个学生在采访纸上写出：自己最想去的 3 个岛；想在每个岛上待的天数；选择的原因。然后，分组分享。

（2）当所有学生都在小岛坐好之后，所有学生带着自己的椅子围成两个圆圈，里圈和外圈面对面、一对一对应。外圈的人先采访里圈的人，里圈的人顺时针旋转，再由里圈的人采访外圈的人；反之亦可。

变式为里外圈的操作原则是：让更多的同学采访到更多的信息。

鉴于活动时长、活动氛围、语速的个体差异、书写速度的个体差异等因素的影响，若采用这种变式，教师可以考虑让每个学生手里的采访纸上只写采访提纲，而不必记录采访内容。

2. 知识售卖场

【活动目的】

（1）引导学生重新看待每个学科的趣味性、意义和价值；

（2）帮助学生改变偏科的学习态度，树立全面发展意识；

（3）强化学生自主探索、勇于创新和团队合作意识；

（4）提高学生的言语说服技能。

【适用对象】初中生；高中生。

【适用人数】人数不限。

【活动场所】室内。

【活动时长】40分钟左右。

【材料准备】

（1）教师需要事先准备一些纸质卡片，用来代表特殊"货币"——阳光币；阳光币的面值可以分为500、100、10三种（教师也可自行确定面值）。总数量根据组数设定。

（2）海报纸至少10张，水彩笔至少10盒。

【活动程序】

（1）让每个同学写出自己最不喜欢/最不感兴趣/最讨厌的一个学科。

（2）写出同一学科的同学分为一组，用学科名称进行命名，每组人数不限；每组同学围坐成一个单层圈；如果某些组的人数过少，教师可以将其合并为一组；全班同学的组数总量控制在5～10组之内。

（3）教师讲一段指导语：

"假设我们的教室现在是一个大型售卖场，里面有很多摊位，分别销售各种学科的知识。

"你们的任务是把自己组'讨厌'的学科，用尽可能高的价钱，卖给尽可能多的'采购员'。你们可以设计具有吸引力的海报进行宣传，列出本学科的独特优势和价值，也可以通过表演、手工、歌舞、说唱等方式宣传你们的特殊'拍品'。

"总之，不管你们组采用什么宣传方式，目的只有一个：让更多的'采购员'喜欢上这门学科，并且愿意掏钱购买它。"

（4）留出15分钟，让每组同学内部商议"营销方案"，探索需要销售的学科的重要性、趣味性、独特性和价值等，用水彩笔和海报纸完成广告设计和宣传口号的编撰。

（5）每组委派1名同学担任"采购员"；教师发给每位"采购员"同等数量的"阳光币"卡片；"采购员"离开本组，前往其他小组随意采购；其余成员留在本组内，等到其他组的"采购员"上门时，施展宣传和销售攻势；本组"采购员"不得购买本组的学科知识。

当所有的"采购员"花光了自己的"阳光币"之后，教师清点各组的销售业绩；成功出售次数最多、所卖价钱最高的学科小组获胜。

（6）讨论与分享。

· 你们是如何向别人介绍本组学科的？

· 对于本组宣传的那些学科优势和独特价值，是否真实可靠？你们自己是否相信？

· 在说服别人的过程中，你自己的想法有什么改变吗？

· 教师可以邀请部分同学在全班分享：在游戏前后，对于自己不喜欢的学科的认识和感受有何变化？

【活动变式】

教师可以根据自己进行心理管理的具体目标，对于此项活动的"分组"环节或"销售"环节进行调整。 例如：

（1）教师可以不采取同质分组方式，而是随机分组。 将全班同学进行等量分组（每组人数基本均等），然后，用抽签、报数、掷骰子等方式确定每组被分配到的学科。 或者，在正式开启游戏之前，把喜欢同一学科的同学分为一组，让他们充分发挥想象力和创造力，尽力推销自己喜欢的学科。

（2）将"售卖"改为"拍卖"：每个小组拥有同等数量的"阳光币"；教师在讲台上"拍卖"各种学科；每个小组上台分享为什么"拍下"这些学科？ 为什么放弃其他学科？ 这么做有何好处？ 有何代价或隐患？

四、放松训练（意象体验）

【活动目的】

（1）体验身心放松的感受；

（2）掌握身心放松的方法；

（3）引导学生在压力情境下有意识地自主放松，以缓解压力感。

【适用对象】小学生；初中生；高中生；大学生（含研究生）。

【适用人数】人数不限。

【活动场所】室内。

【活动时长】20分钟。

【材料准备】音响设施；轻松舒缓的音乐（如班得瑞的音乐，通过网络查询获得更多适合的音乐资料等）。

【教师要求】指导教师尽量使用温和、舒缓、轻柔的语调，减少抑扬顿挫的语句起伏，有意识地控制语言节奏，注意语句留白。

【放松体验1】"兵马俑复活"意象体验。

【基本原理】通过潜意识里的认同（identification）作用，引导个体从身体到精神都松开僵化的外壳，让身体和精神都变得更柔软、更轻松，恢复原本所具有的生命力，从而带来放松身心的效果。

【操作步骤】

（1）调整教室或活动室的光线（避免过于明亮和过于昏暗），尽量排除外界噪声，播放舒缓优美的音乐，作为放松训练的背景。

（2）教师用温和、舒缓、轻柔的语调，开启放松体验，指导语如下：

"请戴眼镜的同学摘下眼镜，所有的同学都选择一个舒服的姿势坐好。

"闭上眼睛，放慢呼吸。尽可能做深慢的呼吸。

"头放松……脖子放松……肩膀放松……胳膊和手放松……胸部和腹部放松……背部放松……腰部和臀部放松，你仍然安全地坐在椅子上，只是更放松……双腿放松……双脚放松，两只脚放在大地母亲的怀抱里，感觉非常安全、非常踏实。现在，你从头到脚都放松下来了。

"请想象自己离开当下的环境，沿着一条路走到一个博物馆。先观察一下博物馆的样子，然后，走进去，发现里面有一个兵马俑。如果你在想象中出现多个兵马俑，请把注意力放在其中一个身上。感受一下这个兵马俑的质感。

"接下来，奇异的事情发生了。在这个兵马俑的头顶，有一个喷头开始喷出温水来，淋在他身上，仿佛是兵马俑在沐浴。水温非常地舒适。

随着水流，兵马俑先被润湿，然后，身上的泥土开始一块块脱落。脱落的地方，里面露出来的是光润的肌肤，仿佛鸡蛋皮剥开后，露出蛋白的样子。

"肌肤露出来之后，他可以充分地享受一下被温水冲洗和滋养的感觉……越来越轻松，越来越舒适，直到兵马俑完全洗掉了身上的所有泥土，变成一个人的样子并清洗干净。请记住这种被水滋养的感觉。

"然后，想象进到一个温暖的浴缸中浸泡，让自己完全松弛下来。愿意的话，泡完之后，可以穿上柔软的衣服，躺到床上舒适地休息。

"现在，我数3个数。听到1的时候，你就会身心合一地完全清醒过来。3、2、1。睁眼，放松一下。"

【放松体验2】简易放松

我们的身体，不仅是生命存在的具体形式，还是一种文化符号。

身体的每个组成部分，既具有文化意义，也具有心理意义。譬如，头象征理性；脖子象征亲密关系；锁骨至胸隔膜之间的胸区，象征社会化的情感；肩膀象征责任；胳膊犹如鸟儿的翅膀，可以代表梦想；后背象征压力；腰部象征支撑和灵活；脚象征行动力；关节代表关系的联结；心脏象征爱的动力；等等。

"简易放松"是将我们的身体本身作为"意象"，通过简单的躯体放松练习，体验不同部位从紧张到放松，再到完全放松的细微过程，有意识地释放躯体里的紧张能量，以达到身心放松的目的。

（1）调整教室或活动室的光线（避免过于明亮和过于昏暗），尽量排除外界噪声，播放舒缓优美的音乐，作为放松训练的背景。

（2）教师用温和、舒缓的语调，开启放松体验，指导语如下：

"请戴眼镜的同学摘下眼镜，所有的同学都选择一个舒服的姿势坐好。

"闭上眼睛，放慢呼吸。尽可能做深慢的呼吸。

"请握紧右手的拳头，把拳头逐渐握紧。这么做的时候，仔细体会紧张的感觉。再握紧一些，体会右手和右臂的紧张。好，现在放松……把右手的手指放松，感觉一下；再放松，将右手手指完全伸开，完全松软下来，感觉一下。

"左手重复这个过程，仔细体会先紧张、再放松和完全放松的感觉。

"…………"

以同样的方式，放松右臂、左臂、面部、颈部、肩部、上背部、胸部、胃部、下背部、臀部、大腿、小腿、脚趾，直至全身放松。 基本操作步骤如下：

收紧胳膊——放松；

耸肩向后——放松；提肩向前——放松；

保持肩部平直，向左转头——放松；保持肩部平直，向右转头——放松；

屈颈，下颌触到胸部——放松；

尽力张大嘴巴——放松；尽力卷起舌头——放松；

舌头用力抵住上颚——放松；舌头用力抵住下颚——放松；

用力睁大眼睛——放松；紧闭双眼——放松；

尽可能地深吸一口气——放松；

肩胛抵住椅子，挺腰、收背——放松；尽力拱背——放松；

收紧臀部肌肉——放松；臀部肌肉用力抵住座椅——放松；

伸腿并抬高 15cm 左右——放松；

伸直双腿，脚趾上翘——放松；放下双腿，脚趾抓地、勾紧——放松；

全身尽可能地收缩——放松；尽可能地扩展，绷紧腹部——放松。

做完这些练习之后，让同学们睁开眼睛，活动一下身体。

五、夯实安全感与自我滋养（意象体验）

2020 年新冠病毒感染疫情暴发后，许多心理咨询师都竭尽所能地投身于多种社会公益服务，例如，在教育部华中师范大学心理援助热线等公益平台提供心理咨询、危机干预等专业援助，利用微信公众号发布心理科普文章，在线讲述面对疫情有效减压的方法等。

借此，跟各位读者分享两个来自意象对话心理咨询师的自创体验。这两个意象体验练习在意象对话微信公众号和中央财经大学心理学系微信公众号发布，被多家公众号转载，反馈效果很好。

这两个意象体验虽产生于疫情期间，却并不局限于疫情期间使用；既适用于青少年，也适用于成年人。其目的在于：以意象符号为媒介，运用意象的象征意义，采用简单而深邃的方式来夯实体验者的安全感，在潜意识层面实现一定程度的自我滋养。

旨在夯实安全感与自我滋养的两个意象体验如下。

1. "城市的守护者"（研发者：赵燕程）

【体验目的】关注自己的身体及其内在感受，用原本具有的心理能量和心理资源去滋养自己的身体，同时，夯实自我守护的信心。

【适用对象】初中生；高中生；大学生（含研究生）；其他成年人。

【适用人数】人数不限。

【体验场所】室内。

【体验时长】20～30分钟。

【体验程序】

（1）躯体放松

教师用温和、舒缓、轻柔的语调，开启放松体验，指导语如下：

"请戴眼镜的同学摘下眼镜，所有的同学都选择一个舒服的姿势坐好。

"闭上眼睛，放慢呼吸。尽可能做深慢的呼吸。头放松……脖子放松……肩膀放松……胳膊和手放松……胸部和腹部放松……背部放松……腰部和臀部放松，你仍然安全地坐在椅子上，只是更放松……双腿放松……双脚放松……现在，你从头到脚都放松下来了。"

（2）引入意象体验。指导语如下：

"想象自己的身体变成了一座城市。城市位于大自然中，可以感受到鸟语花香。从上空俯瞰，这座城市的轮廓是人形的，有边界，有围墙，围墙的形状和你身体的轮廓是一样的。看一看这座城市，你会发现有一些老百姓在里面生活着，干着各自的事情；还有一些守卫，他们的职责是保护城市的安全。

"在这座人形城市的头部、胸部、腹部，有守卫驻扎在固定的位置，特别是眼睛、鼻孔、嘴巴和咽喉，还有心脏和肺部。你可以看看是否有需要加强的地方。肠胃、肝脏、脾脏、肾脏、膀胱等位置，都驻扎着守卫。也看看是否有需要加强的地方。

"有些守卫是在整座城市里流转巡逻的。他们按照血管和经络的路线，在你的身体内部，按照顺时针的方向有秩序地巡逻——经过你的头部、躯干、四肢，不停地在身体里流转。如果有守卫太过放松和懒散，你可以有意识地提醒他们，让他们更加警觉，保持适度的紧张。你的提醒像广播一样传遍全城，所有过于放松和懒散的守卫都会得到提醒。当他们变得更加警觉时，就会有意识地应对外来的入侵，不让破坏性的力量进入这座城市。即使有可能已经混进了坏分子，也会被识别出来，揪出来，关押在城市的外面。

"如果有守卫工作时间太长，感到很疲惫，请你告诉他们：该换班了。让他们回去好好休息。然后，让一些休息好了的守卫来接替。

"如果有守卫精神太过紧张，你可以提醒他们：能够意识到自己的紧张状态，有意识地调整自己的呼吸。同时，请安抚他们：我们这座城市是有守护者的——守护者是你心中的力量和勇气的源泉！他时时刻刻都在保护你！支持你！

"现在，请你放松，感受守护者的存在。当你想到他的时候，他就会出现在你的眼前。如果没有马上出现，不要着急，感受着自己的呼吸，稍微等一会儿，慢慢地就可以看清楚了。看看他是什么样子。感受一下，他有没有话对自己说。自己听到后，是什么感觉？你想跟他说什么？说完之后，心情是否有变化？当你们相互表达之后，请你告诉守护者：'我很愿意见到你，谢谢你守护着我的生命！见到你，我对人生就更有信心了！我相信我的生命是强有力的！我相信自己有爱的潜能、成长的潜能、创造的潜能！我要利人利己，让自己的一生更有光彩！'讲完这段话之后，体会一下，守护者是否有回应？也许有，也许没有。无论怎样，守护者的存在是被全城人同时感受到的。他会让你和全城人都感觉更安全，更有力量。

"好，现在请关注你的呼吸，感受你的呼吸。慢慢地，慢慢地……你有足够的时间调整自己身体里的守卫，让他们把好重要关口，处在一种不太紧张也不太放松的适中状态，能够长期持续地保护你的身体城市。接下来，你会看到这座城市慢慢地等比例缩小，越来越小，越来越小，直到只有你原本身体那么大。这时候，你能清晰地感觉到自己原本的身体，也能感觉到那些缩小了的守卫仍然尽职尽责地驻扎在你身体的各个部位，仍然在你的身体里流转和巡逻；还有守护者，始终在保护着你。请记住这种安然自若的感觉。

"现在，我数 3 个数。听到 1 的时候，你就会身心合一地完全清醒过来。3、2、1。睁眼，放松一下。"

2."连接大地母亲"（研发者：苑媛）

【体验目的】与人类集体潜意识里的大地母亲进行心理连接，体验其稳定感、承载感、庄严感、丰饶感和滋养感，以获得安全感和力量感。

【适用对象】初中生；高中生；大学生（含研究生）；其他成年人。

【适用人数】人数不限。

【体验场所】室内。

【体验时长】20 分钟。

【体验程序】

（1）躯体放松

教师用温和、舒缓、轻柔的语调，开启放松体验，指导语如下：

"请戴眼镜的同学摘下眼镜，所有的同学都选择一个舒服的姿势坐好。

"闭上眼睛，放慢呼吸。尽可能做深慢的呼吸。头放松……脖子放松……肩膀放松……胳膊和手放松……胸部和腹部放松……背部放松……腰部和臀部放松，你仍然安全地坐在椅子上，只是更放松……双腿放松……双脚放松……现在，你从头到脚都放松下来了。"

（2）引入意象体验。 指导语如下：

"请想象你站在一片非常辽阔的大地上，一眼望不到边。淡淡的金色阳光照耀着大地，温暖而柔和，既不刺眼，也不炽烈。深褐色的土壤松软而潮润，你甚至可以闻见土壤的清香……在这片大地上，有森林，有山脉、有河流，到处都是鲜花和青草……

"你站在那里，很自在地呼吸着新鲜空气，心情格外舒畅。如果你愿意，可以坐下来，或者躺下来，用手抚摸松软的土壤，用身体或双脚去感受大地的厚重。大地母亲就这样承载着你，也承载着万物生灵；滋养着你，也滋养着万物生灵；疗愈着你，也疗愈着万物生灵。

"请你仔细体会大地母亲的稳定感、庄严感和丰饶感……

"请记住这些美好的感觉。

"现在，我数3个数。听到1的时候，你就会身心合一地完全清醒过来。3、2、1。睁眼，放松一下。"

第四章
心理成长能力

教师的一句话可能影响学生的一生。

韩愈在《师说》中讲道："师者，所以传道授业解惑也。"授业解惑为"术"，是具体的知识和方法，而"道"为事物的本源，因此排在首位。所谓"道"，是真理，是为人之道。

倘若教师自身的人格有重大缺陷，或心理健康水平较低，那么，在授业解惑的过程中，自然携带着负能量，这些负能量会伴随着授业解惑的过程流向学生。这个时候，对于学生而言，挑战来了——有的学生有分辨意识和分辨能力，能够不被来自老师的负能量所沾染；而有的学生要么没有分辨意识，统统"打包"接受，要么只具备分辨意识却无分辨能力，多多少少会被沾染到，不仅产生错误的认知，情绪变糟，甚至以为"我不好""都是我的错"。

无论是大学老师，还是中小幼职的老师，这份职业注定触及学生的精神世界。从事这项工作的人，不仅需要具备一定的心理学素养，还需要拥有不断追求心理成长的意识，更需要拥有心理成长的能力。

之所以强调心理成长能力，无非是想强调：在精神世界，教师带领学生探索的深度，多不过对自己的探索。

所谓"心理成长"，就是不断增进觉知，以提高心理健康水平的过程。

觉知，是有所意识或有所领悟的一种内在心理状态。觉知，具有程度上的差异，有高水平的觉知，有低水平的觉知。

心理成长能力直接影响心理活动效率，既包括实际能力，也包括潜在能力，具体是指能够身体力行地做到或不断趋向于：真信（真正的相信与承当）、真爱（真正的滋养与关怀）、真知（真正的认识与领悟）、真行（真正的实践与成就）。想要成为优秀的教师，就需要具备这样的能力（至少愿意朝着这个方向去发展），如此方能站在为人之道的本源上授业解惑，源源不断地为学生提供知识营养和精神营养，并且不会产生倦怠感、匮乏感、枯竭感或崩解感，从而身心健康地实现自己的职业价值乃至人生价值。

因此，心理成长能力（psychological capability for mental growth）的本质，就是提升觉知水平的能力。它既包含先天的成分，比如，我们每个人与生俱来的、具有个体差异的精神复原力（mental resilience），又可以通过后天的专业训练得以提升。

教师的心理成长能力至少包含三个方面：自我反观、自我探索、专项能力。

一、自我反观

自我反观既是一种意识，也是一种能力，它源于反求诸己的健康态度。

《孟子·离娄上》有云："行有不得者，皆反求诸己。"意思是说，如果行动没有达到预期的效果，就应该回转过来追究一下自己，从自己身上找原因。在心理学语境下，"反求诸己"是指遇到问题时，通过觉知自己来认识这一问题。

不论是行动没有达到预期效果，还是处于某种压力情境，抑或是在人际关系/人际互动中有了某种不开心，把责任统统推到别人身上，岂不是更轻松？为什么非要在自己身上找原因呢？要是真找到自己的原因，还得去承担它、解决它，岂不是"自讨苦吃"？既然既不轻松，也不快乐，我们为什么还要反求诸己？

其实，道理很简单。

第一，只有在我们的安全感比较强、自信心比较强的时候，才能做到有意愿、有能力反观自我。换言之，自我反观是"信"的一种具体表现。因此，有意识地自我反观，可以更好地夯实自信，提升觉知。

第二，外在环境、别人的评价、别人的态度、别人的反应、别人的情绪等，都在我们的心理边界之外，都是不可控的，而我们自身的需要、情感、情绪、自我评价、自我觉知等，都在我们的心理边界之内，都是可控的；很多时候的"痛苦"，是因为将心理能量投注到了心理边界之外的事情上；当我们将心理能量更多投注于自身可控的范围之内，解决问题就会变得更加简单。

第三，从心理健康的角度来讲，外归因、隔离、回避、合理化等自我欺骗的方法只会让人逃避问题，毫无建设性，趋向于不健康，并且，还可能形成一个"闭环"，导致自己不断地遭遇相似的人或事而无从摆脱；遇事反求诸己，则会让人拥有更多的自主性、能动性、成长性，同时，也会打破"闭环"，让人更有勇气，更有智慧，迎来更多的可能和选择。

例如，面对不遵守课堂纪律的学生，老师难免生气。这种情况下，老师至少有两个解决方案：

一是外归因。 在认知层面，老师的想法可能是："这孩子的自制力真差，总是管不住自己""这孩子老是破坏课堂纪律，弄得我上不好课""这孩子是不是成心跟我作对啊？"……越想越生气。 于是，暂停讲课，当堂批评学生，实在是太生气了。

二是自我反观。 在认知层面，老师的想法可能是："是不是我讲得不够有吸引力，这孩子才走神的？""也许我平常不太关注这孩子，所以他需要用这样的方式引起我的关注""这孩子以前不这样，现在这样一定是有原因的，在没有了解情况之前，我要控制一下情绪""除了生气，我感觉还有一种担心"……于是，平静地看了他一眼，或者，温和而坚定地看着他："我知道你有真正想说的话。 我们先上课吧。"继续讲课。 课后，找这个学生了解情况，进行一对一的沟通。 沟通时，不评价，不指责，不挖苦。

第一个方案容易破坏学生对老师的信任，造成学生对老师的消极理解（如老师瞧不上自己，故意跟自己作对，故意让自己在全班同学面前难堪……），要么只能得到短暂的管理效果，要么形成恶性循环：学生捣乱——老师发脾气——学生更加捣乱——老师发更大的脾气……这个学生因此变得更加自卑和无望，班里其他学生因此更加烦躁或麻木，老师因此变得更加无助和无奈。 至此，课堂纪律问题和师生关系问题均未得到有效解决。

第二个方案，老师不仅没有情绪发泄，没有中断教学节奏，最大限度地保障了全班学生的学习氛围，还用"平静地看了一眼"的方式，给予这个学生一定程度的关注，适度地满足他渴望被关注的心理需要。 最重要的是，没有给学生"因病获益"的机会——由于一个不健康的行为，而在当下获得心理上的好处，让他误以为只有当堂违规才能获得老师（权威）的关注。 并且，老师用私下一对一的方式与他沟通，试图了解其消极行为背后的原因（如家庭因素、学习因素、权威关系问题、近期压力事件等，及其背后的心理动机/心理需求），既保护了他的尊严，也用一种真诚关怀的友善态度，令他感觉到被接纳。 我们都知道，被尊重、被关怀和被接纳，本身就具有疗愈功效。

通过自我反观，老师会获得多个方面的成长。 诸如，从新的视角去理解师生关系（如合作关系、成长与陪伴成长的关系等）；进一步提升自己的教学水平；进一步提高一线课堂的控场能力；提高情绪自理能力；探索到自己的深层心理（如：对不遵守课堂纪律的学生产生了投射心理——在自己的潜意识里，有时不想做"乖宝宝"，但自己无法接受这样的冲动和欲望，因为担心不被接纳或不被喜爱，便将其压抑在潜意识里；在长大之后的现实生活中，遇到"闹宝宝"或"叛逆宝宝"时，下意识地把对自己不想做"乖宝宝"的那种不接纳，像泼脏水一样，下意识地投射到这些"闹宝宝"或"叛逆宝宝"的身上——每每这样操作时，就仿佛在对自己说："我是乖宝宝。 我跟他们不一样。"）；开始有共情能力，越来越能透过行为表面而读懂自己的学生；甚至，有可能改变教育理念，开始相信每个学生都是独特的生命，愿意相信每个学生的生命力和成长潜能。

二、自我探索

1. 自身的深入探索

（1）人格的分解与成长。

每个人都有性格的不同侧面，不同侧面的性格可以用不同的形象来表达。当利用意象的象征意义将整体人格进行分解时，就形成了一个个特点鲜明的具体形象，意象对话心理学称其为"人格意象"。 被分解出来的各个人格侧面，被称为"子人格"（sub-personality）。

子人格并非实体，也无所谓"好""坏"。 譬如，代表神秘和直觉的动物意象有很多：蛇、猫、蝙蝠、乌龟、蜘蛛、黄鼠狼等。 我们很难说谁好谁坏，关键要看其心理发展如何——心理发展得不好，直觉智慧被用于消极面，人就会显得比较"阴险"；心理发展得好，人就会正面发挥直觉智慧，拥有敏锐的洞察力和感应力。

我们在意象层面进行体验时，常常认为有些意象"不好"（如丑陋的、残缺的、病弱的、令人厌恶、紧张或惧怕的意象等）。 事实上，不是"意象"本身"不好"，而是我们的感觉"不好"。 我们之所以感觉"不好"，是因为面对这些意象时，内心难以接纳和理解，引发了消极的感受或情绪。

于是，出于自我保护或心理防御的需要——"趋利""避害"——下意识地做出各种"应对"。例如，懵、木、僵、死扛、退缩、放弃、献祭、压抑、沉溺、投射、隔离、合理化、代偿性满足、向外抓取/控制……而这些下意识的"应对"往往会带来新的、消极的感受或情绪。一连串的下意识"应对"与消极感受相互裹挟着、联动着、沾染着，像涟漪一样一波波地荡漾出去，致使心理真相被层层掩盖或阻滞。

在心理真相形成、呈现、产生影响，或者被掩盖/被阻滞以及产生影响的过程当中，也会形成一些"子人格"。换言之，某些"子人格"与个体的某些心理真相有关。仅从这个角度而言，运用意象对话的方法，有意识地分解人格意象，进行针对性的探索、疗愈和觉知，对于我们整体的人格成长也是大有裨益的。

接下来，简要介绍一下人格意象分解的相关内容。

人格意象的来源

朱建军教授在《你有几个灵魂》一书中，将人格意象的来源分为五种。

第一，固有的子人格。所谓固有，是指一个人与生俱来的某些人格特性。一个人多数的人格特性都是属于固有的。

例如，某个人天生胆大，无论在客观现实生活中，还是在人格意象世界里（如：狮子、老虎、狼、英雄形象等），总是能够呈现"胆大"的人格特点。

第二，内化的子人格。发展心理学论述过儿童内化父母性格的过程。经典精神分析心理学在阐述超我（super-ego）的形成机制时指出，儿童会出于某种动机而把自己父母的性格特点进行内化。除父母之外，其他的人也可以内化成儿童的人格侧面，诸如：青春期所崇拜的偶像、某个具有重要意义的师长、亲人或朋友等。

第三，时期性的子人格。我们在不同的成长时期具有相异的性格特点。我们的一些子人格印刻着早年甚至幼年的影子，这种人格侧面很可能是某种固结了的心理能量的形象化身。因而，时期性的子人格非常具有心理诊断意义和动态评估意义。

意象对话心理师可以通过了解来访者某个时期性的人格意象，了解来访者在当时的这个年龄（段）发生了什么，体验到了什么，留下了怎样的心理创伤以及他真正需要的是什么。

第四，内容性的子人格。这是最常见也最多的一类人格意象，主要源于后天的心理经验。虽强调后天，也不乏先天的基因作用。当我们对引发情感情绪的内外事因做出某个判断、产生某个观点时，当我们习惯于用某种行为方式对待某种情感情绪时，这些生动的心理活动就会积聚成为一个鲜活的人格意象。

前面谈到下意识"应对"。每一种下意识的"应对"策略都可以化身为内容性的子人格意象。

第五，角色性的子人格。这种人格侧面是个体内化的社会角色。为了适应社会，为了获得社会与他人的认可，我们需要了解社会角色及其社会期待。当我们对某个社会角色产生认同时，这个社会角色的公认形象及其性格特点就会被内化，成为个体的人格特点。例如，法官、警察、军人、教师、医生、总裁、保姆等意象，是较为常见的角色性子人格。

人格意象的基本分类及其意义

理论上说来，大致可以从五个方面简述人格意象的象征意义。

第一，人物意象。

人物意象在人格意象中是最为常见和普遍的。通常，他们源于某个原始意象，抑或是某几个心理原型的结合。（心理原型是指在人类心理世界中存在并代代相传的共同心理情境及反应倾向。）

例如，人格意象中经常出现"母亲"这一类的人物，可能是慈眉善目、和蔼宽容的，可能是牙尖齿利、管教严苛的，也可能是面目狰狞、情绪冲动的；可能是老年女性，也可能是中年女性；可能是白白胖胖、善于滋养和疗愈的，也可能是黑黑瘦瘦、喜欢抓取和控制的；可能与自己关系好，也可能不好；可能心理健康，也可能心理不健康……

但是，这一类的意象都有个根源性的原型——大地母亲或大母神（Great Mother），即典型的母亲原型。由于她源于大地、土地，所以，有的时候又以不同形态、不同颜色、不同特点的大地/土地形象出现。

总之，"母亲"类的人格意象，虽然不一定叫"母亲"（这里指当事人给人格意象起的名字），却会凸显其孕育、滋养、疗愈等心理功能，突出其承载、丰饶、善良、宽容、仁慈等心理品质。诚然，还可能展示"母亲"的另一特性——吞噬性（这里所说的"吞噬"，并非主动收割生命，而是指承接、收纳已逝的生命），犹如花草树木、动物、人类死后回归大地母亲的怀抱。

在意象世界，有时会出现比较"特殊"的人物形象，诸如：机器人、外星人等。这类人物意象的成因比较复杂，不健康的程度也比较高，必须得到专业人士（意象对话心理师和精神科医生等）的帮助。

这里，简单介绍一下"机器人"意象。"机器人"意象是纯粹理智化的子人格意象，"自我保护"达到非常高的程度。金属外壳代表这个人心中的一个"外壳"。由于有这个"外壳"，表面上似乎他很少有情绪波动。他感觉不到自己在克制情绪，甚至感觉不到自己有什么情绪。遇到很大的打击（如亲人去世），不觉得怎么悲伤；遇到非常美好的事情，也没觉得有多少快乐。如果说他的情绪没有完全消失，那也只是在和"物"打交道的时候，他会投入和喜爱——因为对于他而言，"物"比"人"更容易让自己获得安全感，更容易把控，不会伤害到自己。

有"机器人"意象的人，尤其是以"机器人"意象为主导人格的人，外表上未必明显表现出"自闭"的特点，但在本质上，其实是非常"自闭"的。最严重的情况是"自闭症"（几乎失去情感交流能力，思维像计算机一样不能容忍任何的"不精确"，智力和能力却会在某个方面表现得很好）。

以"机器人"意象为主导人格的人，很难与另一个人深入交往，与之建立感情联系。意象对话研究发现，在恋爱关系中，这样的人往往会受到那些情绪冲动的异性吸引，而恋爱后，恰恰是这样的异性最不能忍受"机器人"的冷漠表现，双方之间的冲突会逐渐增多。

"机器人"意象的情感压抑程度非常高。内心深处积压了较多消极情绪，比如，恐惧、悲哀、愤怒等。当这些消极情绪累积到较高程度，外在环境、条件适当时，他会突然做出十分残忍的事情，甚至残忍到让熟悉他的人难以置信。

（专业人士帮助"机器人"意象成长时，需要从恢复其情绪感受能力入手。普通教师请勿冒险。）

第二，动物意象。

动物意象用各自的行为模式象征人的性格特点（苑媛，2018）。 因而，要想全面了解一种动物的心理象征意义，需要从动物学、考古学、古老的神话传说等多个角度去了解这种动物的行为模式。

动物意象的分类与现实中的动物有关联，但不完全一致，主要是根据它们在性格层面的象征意义进行划分。 探索某一动物意象的象征意义时，既要考虑其整体类别的意义，还需认真体会细微的性格差异。

譬如，狮子、老虎、豹子、老鹰、蜜蜂、公鸡属于"金色阳光"一族，都是"活在阳光下"的动物，也都具有与金色阳光一样的心理象征意义——自信、勇敢、率真、坦直、开朗等。 同时，各具鲜明的个性：

狮子代表领导风范/王者风范，慷慨大度，威严，豪爽，合群性高，社会性强，精神软肋在于"被背叛"，一旦遭到背叛，将会"河东狮吼"，不可遏制地狂怒；老虎代表具有领导能力却没兴趣做领导，最具个性的是有孤独感（以老虎意象为主导人格的人，似独行侠，情感受伤之后，容易产生孤独感和落寞感，容易郁郁寡欢，并喜欢用孤独的方式自我疗愈，宛若动物界的老虎受伤之后独自舔舐伤口）；豹子象征敏捷、机智、干练、轻灵，爆发力强，情感受伤后容易退缩；老鹰宛若大亮的天空，代表淡定、稳健、洞察力好、捕捉力强；蜜蜂象征勤劳、踏实，重视甜蜜的情感，愤怒源于自卑（以蜜蜂意象为主导人格的人，平时忍让，积攒愤怒之后会大吵，用最狠的话刺伤对方，同时，自己也很伤心）；公鸡代表炫耀（民间用语为"嘚瑟"）。

再如，大象、骆驼、马、牛、羊、鹿、兔、松鼠等"草食性"的动物意象，既有共性，也有差异。 共性为：安全感较弱（大象除外），性格偏内向、敏感，易受伤害，情感细腻，柔和，善良，老实等。

主要的个性差异有：大象象征智慧、自信、温善，从容不迫，无攻击性，心理力量大，粗中有细；骆驼代表耐受力强，多了一点儿沉重感；马先天自信、有英气，象征张扬（在心理学语境下，"张扬"是褒义词），既阳刚，又细腻，若心理发展得比较好，未受伤害，异性缘颇佳；牛象征坚韧、勇敢（"视死如归"的勇敢）、勤劳、忍耐、善良、牺牲、固执等（耗牛强调本分、厚道、实在、宽容、性子直、不大会交际、不圆熟；牛魔王象征严厉的父亲，代表强制或压制）；羊象征胆小、柔弱、温顺、祥和，承受力较高（弗兰克称之为"责任的价值"）；鹿象征纯洁、纯净、透亮、谦逊、温和，心情好时是"水汪汪的大眼睛"，受挫伤时变为"泪汪汪的大眼睛"（长颈鹿与梅花鹿等其他的鹿不同，强调高傲）；兔子代表可爱、胆小、狡黠，有时"恶作剧"；松鼠代表机灵、敏捷。

若以土、水、火、风来划分动物意象，则大象和熊属于土性，鱼为水性，狮虎豹是火性，鸟类当属风性（鸟无须凭借任何有形的东西就可以飞上天空，象征自由、自然、简明、直接、不虚饰等）。它们分别具有某一类的基本特性：土的厚重、实在、坚定、承载、宽容、接纳、温和、现实，水的滋养、关怀、情感，火的阳刚、激情、坦率、力量，风的自由、灵动、不稳定。

第三，植物、矿物和器物意象。

这些不太容易拟人化，但在人格意象中仍然具有象征意义。它们在人格意象中处于更为深邃的层次，比人物、动物和鬼神更为深邃。因此，很多人在初次分解人格意象时，不太容易见到这些象征物。实际上，它们存在于我们每一个人的人格构成里，而且是原型层面的。

先说植物。

植物意象通常"代表一个人天赋的素质特点、神经系统的特点，或者按照苏联心理学家的说法是气质"（朱建军，2003）。心理学语境下的"气质"是先天的，是指一个人的高级神经活动特点。

换言之，植物意象反映的是人更基本的气质特点，即人在行为时的品质是缓慢还是迅速、是柔和还是强劲……

以树为例。松树象征坚毅，柳树象征柔韧。

以花为例。桃花代表浪漫，荷花代表母性。

再说矿物。

矿物意象可视为荣格理论中的"自性"，代表深层潜意识中的自我，是自性的现状。比如，原油象征潜意识中的心理能量；不同的玉或宝石象征着真实自我达到的不同程度的整合、完成和纯净状态，可以用来标志一个人的心理健康程度。

最后说器物。

例如，武器意象象征人的心理防御机制或应对机制（苑媛，2018），本质上，是强力贯彻自我意志的象征性表现（朱建军，2018）。 电视机是潜意识的象征，电视机里正在播放的内容，代表当事人当下的潜意识内容。 作为一种通信工具，手机象征关系的联结和情感的沟通。

第四，鬼意象。

鬼意象有两个基本的象征意义：一是强烈的消极情绪；二是严重的心理疾病。

值得强调的是，鬼意象只是鬼意象。 不论出现在一个人的梦境里、想象中、绘画里，还是沙盘中，它们只是象征性地反映了某种消极的心理状态。 鬼意象是心理现实，而非客观现实。 在客观现实世界，没有鬼。

如果混淆了这个最基本的界限，无法分辨客观现实和心理现实，就意味着完全丧失了"现实感"和"自知力"，意味着出现了精神病性的表现。

第五，神灵意象。

作为人格意象，神灵、菩萨、佛等意象都具有一些容易让人向往的特性，诸如：慈悲、智慧、自信、博爱等。 因此，也容易产生诱惑，有的人以为在梦或意象里见到佛，就代表自己真的成了佛。 这可能是幸运，但更可能是危险。关键在于对待这类意象的态度——如果只是看见它、承认它，而不利用它，心理就会比较健康；假如迷信它、依赖它，就会非常危险。

最健康的简单应对方式是，当一个人发现自己在梦里或想象中出现这类意象时，告诉自己："我愿意追求更高的人格境界，这是好事。 现在，我踏踏实实地过现实生活。"

人格意象分解的操作步骤

人格意象分解的操作步骤符合意象对话疗法的一般方式。 在系统学习并掌握意象对话的基本理论、操作方法和注意事项之前，以及在没有自我成长体验之前，应该在有经验的意象对话心理师的指导和引领下进行人格意象分解。 为了避免给读者带来不必要的困扰，这里仅作简要介绍。

第一步，意象对话心理师简单介绍人格意象分解。 针对其担心和疑虑，给予适当解释，打消其顾虑。

【请注意】

事先不必告诉当事人，人格意象中可能会出现植物、矿物或鬼神形象，因为这些较深层次的人格意象总是自发呈现的。临床规律是，当其人物子人格出现一些之后，会很自然地出现动物意象，个别时候会出现植物、矿物或鬼神意象。

第二步，引导当事人放松。确保周围环境安静，光线适中，避免强烈刺眼的光线。让当事人选择一个舒服的姿势坐好或半躺，随即引导其全身放松。

第二步，引导当事人在想象中自然呈现子人格。可用"房子意象"或"草地意象"作为起始意象（意象对话核心课程和《意象对话临床技术汇总》第2版有详解），加以引导。几乎所有的当事人在出现了几个或十几个人物意象之后，都会突然说："哎，怎么有动物出来了？"我们可以回应道："是的，都会出现动物的，你看见的是什么动物？"

第四步，仔细观察。当某个子人格充分表达时，当事人的神情、声调、身体姿势等都会出现明显的改变，变得和这个子人格的性格/现状一致。仔细观察可以帮助我们快速而深刻地把握子人格的交替状态以及出场规律。

第五步，对于出现的人物子人格，引导并记录其重要特点（主要指样貌、年龄、性别、衣着、性格、喜欢什么、不喜欢什么，以及其他有用的资料，如子人格彼此之间的关系）。

每个人的子人格通常都有几十个。所以，做一次完整的人格意象分解，需要花费比较长的时间，一般是2~4小时，有的人需要更多的时长。

对此，可以采取两种处理办法：

一是将单次的人格分解时间延长为2~3小时。优点是可以一次性、连贯地完成人格分解，缺点是当事人和引导者都容易感觉疲劳。

二是将人格分解工作分成几次来完成。虽然不如一次性完成那么连贯，但是，它的好处也是显而易见的。每遇到有创伤的子人格（如流浪、乞讨、受伤、残疾、生病、情绪消极等），或相互矛盾/冲突的子人格关系（如敌对关系、权威关系、苛责者与被苛责者、打压者与被打压者、折磨者与被折磨者、加害者与受害者等），就可以停下来做针对性的疗愈工作，当事人相应的消极状态或心理问题也会随之消解。例如，引导当事人充分体会这些子人格，引导意象故事里的每一个子人格都真诚地表达自己、倾听对方、回应对方，直至和解。

子人格关系图的制作与解读

为了清晰地呈现出各个子人格之间的关系，意象对话心理咨询师在进行人格意象分解的时候，可以用"子人格关系图"来记录。具体操作是：

画一个矩阵图，横向和纵向都列上各个子人格的名字。然后，在表格中的每个格子里填上代表关系的符号："＋"代表喜欢，"－"代表不喜欢，"/"代表不认识，"＝"代表认识但是不关心。

通过对子人格关系图的统计和分析，意象对话心理咨询师就可以了解到当事人的潜意识事件与意识事件是怎样基本对应的，能够促进内省和反观，也可以运用意象对话进行内在心理冲突的化解，以及子人格关系的调解。

即使不做任何其他的心理成长性质的操作，仅是分析和体会各个子人格之间的关系，对于当事人而言也是非常有益的。因为在制作及分析"子人格关系图"的过程中，当事人有机会更直观、更深入、更整体性地看清自己、理解自己、探索自己。

这个过程好似自己照镜子——关注心灵之镜本身就具有积极意义。

（2）情绪体验。

方法一：逐一体验基本情绪——喜、怒、哀、惧、耻、辱、愧、疚；

方法二：在现实生活中，有意识地训练和提高感受力，体验自己的各种感受和情绪，并且尽可能用描述感受和情绪的形容词去准确标定——这种标定本身就具有心理疗愈意义，诸如：优越感、成就感、空虚感、分离感、崩溃感、消散感、开心、幸福、焦虑、烦躁、慌乱、恐惧、哀伤、悲凉、委屈、愤恨、羞愧，等等。

探索情绪体验的总原则：勇敢面对，增加觉知，鼓励建设性表达，底线为安全性释放。

①不回避体验任何情绪感受，特别是消极的情绪感受；

②在体验之后，要进行建设性的表达——既不伤害别人，也不压抑自己；

③在现实生活中，无法进行建设性表达而不得不压抑时，要有觉知（包括对"压抑"有所觉知）；可以采用安全的方式进行有觉知的情绪释放，如画画、弹奏乐器、撕废纸、独自哭泣等，绝不允许伤害自己，也不允许伤及他人的财

物、人身及心灵。

（3）躯体反应。

我们的情绪体验是以身体为载体的。关注躯体反应与关注情绪体验具有同等重要的意义。

探索原则：积极就医与心理成长同步进行。

方法一：体验并觉察躯体反应（如：冷或热、通畅或憋闷、紧张或松弛等）。

方法二：体验并觉察躯体反应所引发或携带的情绪感受。

方法二：体验并觉察内脏意象：心、肝、脾、肺、肾、胃等。

内脏既是心灵器官，又与生理对应。当感觉不适时，应先前往医疗机构就医。

【请注意】

①有意识地分辨心身疾病和身心疾病。

②如果感觉身体不适，请先去正规医院就医，并遵照医嘱。

③越是深度成长，特别是回观早期心理经验时，越容易出现躯体化，就越要注意积极就医。

切记：心理咨询或心灵成长不能替代医疗！

（4）应对模式。

在心理学语境下，"应对"（coping）是指为了趋利避害而做出的策略性反应，"模式"（pattern）是一种整体结构或样式。**应对模式（coping pattern）是为了趋利避害而做出的策略性的整体反应样式或风格。**

处于压力情境或心生压力感时，不同的人会或有意或无意地采用不同样式/风格的认知策略及行为策略，譬如：问题解决、向外求助、退缩回避、情绪发泄、压抑、沉溺、幻想、放弃、抓取（或控制）等。

举个例子，面对一个迷恋动漫人物而不爱学习的学生，不同的教师受到自己惯用应对模式的影响，往往会采取不同的策略。

有的老师大失所望，不再关注该生（放弃）；有的老师大发脾气，严厉斥责，没收手机（情绪发泄＋指责＋控制）；有的老师直接把该生领到德育主任办公室，交由领导处理（向外求助）；有的老师说好听的话，恭维该生，取得其欢心，恳求其好好学习（讨好）；有的老师苦口婆心地讲道理，为其调换座位，在其前后左右安排积极进取、爱学习的学生（问题解决）……

有的老师则透过表面看本质，发现迷恋动漫人物这个行为的本质是偶像崇拜。于是，巧妙地设计了一次以"偶像崇拜"为主题的班级活动，组织全班同学轮流分享自己喜欢的偶像，然后，积极点评每一个偶像身上优秀的道德品质和心理品质。最后，引导同学们追求健康的价值观和高尚的审美情趣（更有智慧的问题解决）。

注解：偶像崇拜是青少年精神生活的重要内容。偶像崇拜本身不是问题，如何应对偶像崇拜才是问题。表面上看，该生是在崇拜某个外在的偶像，实质上，是在内心进行自我定位或价值取向。只不过，他们将这种心理需求下意识地投射到外部对象上而已。

对此，教师需要思考两点：一是如何借助青少年偶像崇拜，培养其健康的价值观和高尚的审美情趣；二是如何帮助那些过于痴狂的崇拜者。

总之，偶像崇拜并非空穴来风，总是和当事人的某种心理需要挂钩的。倘若教师能够捕捉到当事人迷恋某个动漫人物行为背后的心理需要，甚或是心理成因，不仅不会生气、失望、焦虑，还能促成针对性的引导和有效的帮助。

从上面这个例子，我们可以看出，有些应对模式是健康的、有效的，而有些是不健康的、无效的（至少是无法长期有效的）。

应对模式并非一朝一夕而形成，都是在我们从小到大的成长历程中，不断与周围人（特别是生命中的重要他人）和外在环境交互作用的过程中综合形成并固化下来的。

为了进一步阐释应对模式的成因，下面以前文提及的"放弃"为例。

中国有句俗话："三岁看大。"意思是，我们通过观察一个 3 岁左右的孩子，可以大略知道他长大之后的脾气秉性。换言之，到了 3 岁左右，一个孩子未来的脾气秉性已基本定型。

这就意味着，一个 3 岁左右的孩子，如果遇到困难，喜欢放弃（如：别人抢了他的玩具，他就再也不玩那个玩具了，即使别人玩完之后还回来，他也不会去碰那个玩具；上幼儿园，他举手想回答问题，老师没有叫他，他就再也不举手了……）。那么，倘若这一生没有遇到足以让他学会更建设性方式的重要他人，也没有接受任何专业的心理咨询或心理训练，"放弃"将会成为他主导的应对模式。比如：高考失利，不再复考；初恋失败，不再谈恋爱；创业失败，不再继续；一次被骗，不再相信任何人；当他认为单位领导对自己不公正时，便会辞职；更严重的情况是，当遭遇重大挫折而痛苦得无法自拔时，会产生自杀意念或自杀冲动……

追根溯源，也许我们会发现，在 1～3 岁的幼年早期，即儿童自主行动发展的时期，"放弃"已经成为他"最初的应对"。例如，他在较早（1 岁左右）经历与母亲的分离情境时，内心充满害怕、悲伤和无助感，害怕再也见不到妈妈，害怕妈妈不爱自己或不要自己了，为此而深感悲伤。见不到妈妈的那段时间里，他脑海里萦绕着妈妈的音容笑貌，怀念着妈妈的味道，格外思念妈妈。可是，当妈妈下班回家想要抱抱他，跟他亲近时，由于害怕再次体验分离的痛苦，他会忍住心底的思念，而拒绝被妈妈拥抱；当妈妈再次离开他时（如：较长时间外出、把他放在奶奶家/姥姥家等），他的内心深处可能会说："妈妈早晚都会离开的，我做什么都没用。"（内心再次体验到无助感和无力感）于是，出于回避分离之苦的心理动机，他下意识地选择了"放弃思念"，这就相当于选择"不再被离开/被抛弃"，心里产生主控感。当一次次体验到"放弃"所带来的"主控感"时，心里感觉好受多了。至此，"放弃"模式形成并固化。

这个应对模式是在潜意识里形成的，理性认知未必清楚是怎么回事。因而，在长大的过程中，只要某种情境唤起了他的无助感或无力感，"放弃"模式就会启动。再后来，这个模式逐渐泛化，影响到生活的诸多方

面，乃至伴随他一生。

倘若我们能够意识到自己身上存在怎样的应对模式，愿意探索其成因，并愿意突破旧有模式，就为自己创造了新的可能性——可以有意识地做出新的、更健康、更具建设性的选择。人生也会因此而不同。

（5）常用的心理防御机制。

心理防御机制（psychological defense mechanism）是指个体面临挫折或冲突的紧张情境时，在其内部心理活动中具有的自觉或不自觉地解脱烦恼，减轻内心不安，以恢复心理平衡与稳定的一种适应性倾向。

根据距离心理真相/心理现实的远近程度，或者说，根据对心理真相/心理现实的歪曲程度，可以将心理防御机制划分为"成熟型""中间型""不成熟型"三种。其中，不成熟型防御机制对身心健康和个体发展的消极影响更大，如：压抑、投射、否认、抱怨、幻想、退行、抵消、躯体化、被动攻击、见诸行动等。

心理防御机制的积极意义在于，能够使我们在面对困扰或挫折的情境时，一定程度地缓解、减轻或回避心理压力，恢复心理平衡，甚至激发我们的主观能动性，以自我激励的心态或顽强的意志去克服困难。其消极意义在于，容易"因病获益"，因一时的压力缓解或回避困扰而自满自足，从而出现退缩、压抑、否认等，不仅影响心理健康和个人发展，有时也影响身体健康。

方法一：掌握心理防御机制的相关理论知识；

方法二：觉察自己惯常使用的心理防御机制，特别是"不成熟型"防御机制，有意识地做出新的尝试，用健康的应对方式进行替代。例如，把抱怨改为建设性的行动，把被动攻击转化为主动表达。

（6）情结的发现及其化解。

在以上的自我探索过程中，均有机会触及自己的情结。"情结"（complex）这个概念最早是由西格蒙特·弗洛伊德提出的。

意象对话心理学认为，**情结是指由于心理能量不能自然流动而形成的固化结构，**如自卑情结、自恋情结、弃儿情结、宠儿情结、恋母情结、恋父情结、金钱情结、完美情结、和谐情结、英雄情结、助人情结，等等。

从生活在母亲的子宫里，到长大成年，我们每个人的亲生父母都不可能完美，一路走来的生长历程也不可能完美，于是，每个人都有创伤。相似的心理能量会相聚，相似的创伤也会相聚。

某个原发创伤与后来发生的那些带来相似体验的继发创伤，聚合在一起，共同构成了某个情结。譬如，所有带来被抛弃感的创伤聚合在一起（请注意："被抛弃感"是一种主观感受，不代表一定经历了"被抛弃"的客观事实），共同构成了一个人的"弃儿情结"。成年之后，在客观现实层面，即使没有被谁抛弃过，有"弃儿情结"的人依然总是担心自己被抛弃，甚至会下意识地做出一些促使对方离弃自己的事情——因为在他的潜意识里，存在一个不健康的信念："我相信自己早晚会被抛弃。"

每个人都有情结，而且不止一个。越早形成的情结，对我们的影响力就越大越持久，也越不容易被发现。人生最早或较早时期形成的情结，对我们的影响力最大最持久，意象对话心理学称之为"核心情结"。

特别有意思的是，当我们开始愿意承认自己有某某情结时，会发现这个情结能把发生在自己身上的很多事情、很多行为串在一起，还能对其进行解释，一旦解释通了，一种"莫名的"清晰感油然而生——仿佛擦亮蒙尘许久的镜子，眼前突然一亮，视力突然变好了一样。即使没再做什么，心里也会透亮很多。

如果胆子再大一些，勇敢地踏上心理成长之路，通过运用适合自己的有效方法，逐一化解这个情结里的原发创伤和继发创伤，带着觉察去释放裹挟其中的原发情绪和继发情绪，突破旧有的、不健康的应对模式，尝试新的、健康的应对方法，便会越发地"心明眼亮""神清气爽"。

2. 原生家庭及家族的深入探索

原生家庭及家族（母系家族＋父系家族）是一个系统。我们每个人都诞生于这个系统，或短时或长时地生活在这个系统里，自然也会受到它（尤其是重要抚养人）的深刻影响。有些影响显而易见，有些影响较为隐秘；有些影响是积极的、健康的，有些影响是消极的、不健康的；有些影响，我们愿意承认，而有些影响，我们不愿承认，甚至坚决否认或奋力摆脱。

了解自己在原生家庭及家族中的位置，从心理学的视角去探索自己与原生家庭、家族的互动模式及其相互影响，有助于更全面地了解自己，更深刻地理解和接纳自己，也有助于加深与原生家庭、家族的情感链接，更深刻地理解重要抚养人等家族成员，减少消极情感情绪乃至情结的沾染，并从他们那里承继更多的爱、智慧与力量。

就方法而言，心理动力学倾向的方法更适合探索原生家庭及家族，如意象对话、经典精神分析、荣格的分析心理学、萨提亚疗法等。

其中，意象对话独具特色。例如，通过子人格意象的溯源、解读和疗愈等方法，能够较好地识别个体与原生家庭/家族的各种沾染，也能够较好地实施"去染"。

【请注意】

自我探索的目的在于，提高觉察力和自知力，所有的探索内容里都蕴含着我们原本就拥有的心灵资源，请注意发现并积极运用！

三、专项能力

新时代的教育工作者必须加强理论修养和自身修养，这是毋庸置疑的。除了不断夯实专业功底之外，还需要有勇气走出自己的心理"舒适区"，有意识地提升心理学素养，努力开拓心理实践领域的专项能力，以便更顺畅地适应现代青少年儿童的心理发展特点及其趋势，更健康、更灵活地应对那些常规方法不足以有效解决的问题。

这里所说的"专项能力"，特指心理实践专项能力，是教师心理实践力所需要的最小的技能单元。

教师心理实践专项能力的培养和提高，既可以通过个体或团体接受系统的专业训练来进行，也可以通过自我修习的方式来进行，或者是先接受系统训练，再进行自我修习。

下文将从自我修习的角度，针对教师心理实践专项能力，简要梳理具有可操作性的自我训练方法。

1. 共情能力

共情（empathy）是人本主义心理学创始人之一卡尔·罗杰斯所提出的一个

专业术语，也被译为"同理心""同感""神入""投情"等，是指体验别人内心世界的能力（李孟潮，李迎潮，2004）。 共情包含三个方面的含义：

一是心理咨询师借助求助者的言行，深入对方内心去体验他的情感、思维；

二是心理咨询师借助知识和经验，把握求助者的体验以及与他的人格、过往经验之间的联系，更好地理解问题的实质；

三是心理咨询师把自己共情到的心理内容准确地传达给求助者，以使对方感到自己被理解、被接纳、被关怀，从而对咨访关系（咨询师和来访者/求助者的关系）和咨询效果产生积极影响。

教师并非专业的心理咨询师，为什么要具有共情能力呢？ 道理很简单，因为"关系大于教育"（苑媛，2014）。 教育的成功不是靠方法，更不是靠技巧，而是靠关系。 对于师生关系而言，没有比共情更能触动学生的心理品质的了。

诚然，共情品质同时也是一种能力，虽有先天的个体差异，但通过后天的专业训练和自我修习是可以不断增强的。

以下操作可用于教师增强共情能力的自我修习。

（1）训练感受力："直接知觉"他人的心理体验。

这是一个自发的过程。 对于过程本身，做不了什么训练，但是，可以通过一些训练促使该过程更容易发生。

①教师身体放松，做"相对放松的师生谈话"。

②以身体放松为基础，自发并自然地模仿学生的姿势（切勿刻意或夸大，以避免对方产生不必要的误解，或激起被冒犯的感觉）。

③在与学生谈话的过程中，集中注意力，全程关注对方。

④以理解、想象以及其他所能想到的过程为辅助，激发对学生的直接感受并促进共情。

【请注意】

这些过程虽然可能引起共情，共情却并非这些活动的结果。

⑤在日常生活中，习惯于关注自己的身体感觉和内心感受。

（2）训练分辨力：区分对他人的感受和自身的感受。

①多做心理分析，探索自己的情结，了解自己在各种情况下所容易产生的

主要情绪和感受。

②如果发现自己总是在很多学生/某一类学生身上体验到同一种心理感受（如见到缺乏进取心的学生就生气，遇到缺乏母爱的学生就会产生无助感……），那么，请提醒自己，很可能是自己在投射（projection）：把自己不能接受的冲动、欲望、感情、情绪等下意识地归于他人或周围事物身上（黄希庭，2004）。

③团体练习：以提升共情能力为目标，多位教师共同感受某一对象（如：某个学生、某位家长、某个公众人物、影视作品里的某个角色等），共同尝试体会这个对象人物的情绪和感受。

④师生交流时，尽量全神贯注于学生；交流过程中或结束后，觉察一下：是否在某个节点上，唤起了自己的某种情绪或感受？

⑤借助专业督导或朋辈督导，学习分辨：什么是共情到了别人的感受？ 什么是把自己的感受投射到了别人身上？

⑥在与学生意象对话的过程中，不断地按照对方的意象来校对自己的意象及其体验。

（3）训练表达力：清晰而准确地表达感受。

①扩大描述情绪与感受的词汇量，注意细微差异。

②有意识地表达自己的身体感受或内心体验。

③尝试使用形象化的比喻（即心理意象）来表达感受。

2. 接纳能力

接纳（acceptance）是一种态度，是指能够允许对方表现其消极面，不去有意识或者无意识地嫌弃、攻击或排斥对方。 在更积极的角度，接纳是指能够以一种理解对方（至少是试图理解对方）的态度与对方相处。 理解是接纳的前提。 没有理解，很难有接纳。

对于教师来说，要想提高接纳能力，最具挑战性的是——不评价。 不针对任何一个学生的任何一种消极行为进行评价，不对其标签化。

（1）体验学生所引发的厌恶、愤怒、恐惧、失望或不自信等感觉，分析起因，若发现与自己的某个情结有关，及时地提醒自己，或寻求专业的心理咨询师进行梳理。

（2）运用意象对话的相关方法进行训练，在面对不同的消极意象时，区分：哪些是难以忍受的？ 哪些是相对可以接受的？ 哪些是完全可以接受的？允许自己承受不适感，保持继续观察的状态，而不做任何应对。

【修习要点】

不要克制或压抑自己的不适感，而是带着不适感，继续看着这些意象。换言之，在想象中看到自己难以接纳的消极意象时，不回避，不逃跑，不攻击，也不急于干预，而是将注意力聚焦在自己的身心感受上——带着不舒服的感觉去看着这些意象。

（3）发现自己的缺点和弱点，从而增加对他人的理解和接纳。

（4）深入了解学生，理解其行为、思维与情感情绪。

（5）练习表达接纳的能力。

①使用"平常化"的语气回应学生"不平常"的表述；

②当学生说出一些担心不被接纳的事情之后，教师可以温和地询问一些问题，以示关心和积极关注（带着积极的态度去关注）；

③对学生表达自己共情到的心理内容。

【修习要点】

在表达接纳时，请避免走入以下四个误区：

第一，不要把表达当作技巧，不要试图通过某种表达而控制对方；

第二，不要混淆健康和不健康、美好和丑陋、是和非的界限；

第三，接纳只是一种态度，仍然有底线有原则，应清楚地区分宽容与纵容（纵容无底线）；

第四，接纳≠认同，接纳学生，不等于认同学生的一切行为都是对的。

3. 尊重能力

（1）了解他人与自己的不同之处，有意识地学会"尊重差异"。

下面这个练习，既可以在教师群体里进行，也可以由班主任或心理教师设计成一节班会或心理课，在班级里进行。

【团体训练示例】

每个人分别写出：自己喜欢做的事情，感觉最快乐的事情，不喜欢的事情，感觉最痛苦的事情，每种事情可以写不止一件。轮流读出来。然后，每个人分享一下：别人的这些事情，哪些和自己的类似？哪些和自己的不同，但很容易理解？哪些是自己很难理解的？（不评价别人，只是表达自己对于某些事情的不理解）

小组讨论：关于本组成员分享的具体事情（喜欢做的、感觉最快乐的、不喜欢做的、感觉最痛苦的），哪些情况是病态的？哪些可能需要有所改变？哪些只是不同的偏好而已？

（2）有意识地分析人与人之间的心理差异及其不同影响（如家族成员、朋友、同事、影视作品里的人物……）。

（3）区分自己的心理需要和他人的心理需要。

【训练示例】

在跟家人（包括孩子）聊天的过程中，就某件具体的事情（如：婚姻、恋爱、职业选择、兴趣爱好、养育孩子、做家务、学习、挣钱……），有意识地询问并倾听对方的心理需要，而不做任何评价。然后，真诚地分享自己在这件事上的心理需要。就事论事地思考"心理需要"的差异性，在尊重对方与自己的前提下，适当调整自己的言行。

【修习要点】

多做自我分析，以了解自己在多大程度上有控制别人的心理需要。

（4）运用意象对话的相关方法进行自我修习。

【示例】

想象自己来到别人的院子外，观察院子外有什么屏障，如篱笆、栅栏、院墙……观察院子的基本样子；没有人请你进入，而你却想进入，在想象中可能会发生什么？

（5）表达尊重的最基本一点，是关注对方，同时，注意基本礼仪。

（6）表达尊重的另一种方法是多询问对方的意愿。

4. 真诚能力

真诚，是指不给对方提供虚假信息，如实地表达自己的看法、感受和情绪等。

对于教师而言，通过自我修习的方式提高真诚能力，至少涉及两个方面：一是有能力看到自己和他人的心理真相/心理真实；二是有能力进行恰当的表达（尤其要确保对方能够基本接纳和理解）。这两个方面存在内在的逻辑关联，无法截然分开。

（1）首先挑战教师的是勇气——有勇气面对真诚所带来的各种可能性。

（2）训练判断力。细致分辨：是否有必要告知对方？何时需要说出来？说到什么程度？教师真诚的基本原则：适时适度，有益于学生的心理成长。

（3）可以在团体训练中做一个练习——"你们不知道的我"。

【示例】

3～8人为宜。由组长做引导。每个人轮流进行自我开放，开口的第一句话是："你们可能还不知道，我……"真诚地分享一件别人不知道的、关于自己的事情（如某个行为习惯、某个爱好、某个性格特点、某次经历等）。时间控制在5分钟以内。

在这个人说完之后，其他人可以进行反馈，每个人反馈的时间控制在1分钟之内。

最后，针对大家的反馈，这个分享者再用3分钟左右的时间表达自己的真实感受。

【请注意】

这个练习中，分享者所表露的内容，在自我挑战程度上最好是轻微的、适中的，不适合把自我挑战程度较高的隐私事件暴露出来。即使是在专业心理咨询师的指导和陪伴下，参加团体心理咨询或成长督导课程，也需要以自己的身心承受能力为基础。

（4）可以用"角色扮演"的方法，练习如何真诚表达并避免伤害，尤其是不能带有攻击性，即建设性表达。

例如，可以练习说："当你这样做的时候（不评价、不攻击、不指责），我感到……"（如："当我跟你联系不上的时候，我很担心，因为不知道发生了什么。"）

5. 信任能力

学生是否信任教师，对于建立师生关系至关重要。如果学生缺乏对教师最基本的信任，真正的心理关系就难以建立，那么，教学效果、教育效果和管理效果都会受到消极影响。

诚然，倘若学生对某位教师产生过分依赖的心理，也是不健康的。这表明学生失去了精神独立的自我，严重缺乏心理边界以及自我保护的能力。

（1）教师在自己所教授的学科领域，有意识地不断"充电"，在知识储备和理念更新上与时俱进，保持思想和知识的"先进性"，以此获得学生对自己的专业信任/学科信任。

（2）若发现自己无论怎样都不信任某个学生或某类学生时，最好在专业督导的帮助下，进行自我分析，探索与安全感或信任相关的心路历程，疗愈相关的心理创伤，由此提升"信"，获得更好的安全感和信任力。这不仅有助于职业生涯发展，也有助于教师个人的情感生活和人际交往。

（3）运用意象对话中的"房子"起始意象，训练对学生的信任力。

【示例】

在想象中，有一所房子。观察这所房子的外观（高度、大小、层数等）、颜色、质地/材料、用途等。

勇敢地邀请平时不喜欢的学生走进想象中的房子，体会自己当下的感受。若有不舒服的感觉，鼓励自己在想象中与学生对话——既真诚地表达自己的感受，也认真倾听学生的表达，直至想象中的自己与学生能够彼此接纳、相互理解、相互信任，至少没有冲突/排斥/回避/隔离。

【修习要点】

在意象里进行自我对话时，与日常的沟通原则保持一致：不攻击、不评判、不指责、不否认、不解释，只表达自己当下的真情实感。

6. 洞察能力

（1）运用意象对话当中的"看树"练习，训练对学生气质的洞察力。

【示例】

让"配合者"（相当于模拟学生；若在团体培训现场，可以由任意一位参训教师担任"配合者"）站在面前，"受训者"只是观察和感受。大约1分钟后，受训者闭上眼睛，利用记忆把"配合者"的形象保持在脑海里。

培训者告诉受训者："脑海里的这个形象将逐渐转化为一棵树的样子。请尽量仔细地看清楚……"随后，受训者大略画出这棵树，还可以在画上标注树的特点（如松柏——坚毅、执着，柳树——柔韧、变通）。同时，"配合者"感觉一下自己"是什么样子的树"，同样画出来或写下来。

随后，把"配合者"呈现出来的图画或文字作为一个参考答案，评估受训者洞察力的准确度，并解析其原因。解析原因时，受训者参与其中，仔细分辨自己的投射或移情，以进一步提升自己的洞察能力。

这项练习还可以进行变式：面对某位"配合者"，多位/所有参训教师都进行观察、感受、想象、绘画。然后，通过比较多位/所有参训教师所画的树，来分析其共性和差异。一般情况下，多位教师所画之树的一致方面，往往能真实反映"配合者"的气质特点。

【说明】

在操作上，这个练习的难度比较大，因此，即使是洞察力很好的教师，所画的树也不会和"配合者"的完全相同。训练时，培训者有必要说明这一点，以避免受训者产生受挫感。

在理论上，仅就植物的象征意义而言，植物象征人的更基本的气质特点。其中，树代表男性气质的自我认定，花代表女性气质的自我认定。无论生理性别是男性还是女性，在心理层面，我们都既具有男性的气质/心理特征，也具有女性的气质/心理特征。因此，也可以用"花"实施上述练习。

（2）训练对情绪及其躯体反应的洞察力。

【训练步骤】

第一步，选定一种情绪（如愤怒、哀伤、恐惧、委屈、内疚、焦虑等），受训者回忆一个引发这种情绪的事件。

第二步，受训者在回忆这件事情的过程中，仔细体验：这件事情发生时，心里出现的第一个情绪或感受是什么？这种情绪或感受出现时，身体的哪个地方最先有感觉？如果这个情绪或感受像是一种可流动的能量，它是什么颜色？什么样子？温度如何？向哪个方向流动？流动的速度？流动时，身体的感受是什么？情绪是否有变化？如果感觉这个能量流动不了（如被压制、被堵塞、被冰冻等），身体的感觉是什么？情绪有何变化？

第三步，报告自我体验到的身体感受和情绪感受。可以用形容词或比喻进行描述，也可以用一个综合性的意象去描述。

【请注意】

当培训者发现受训者的躯体反应不符合事先设定的情绪，反而类似于其他情绪时，应通过分析和访谈来判断：其原发情绪是否为事先设定的情绪？存在哪些继发情绪？

例如，事先设定的情绪是愤怒，某受训者却感觉身体是变冷的、没劲儿的，感觉没有谁能帮得了自己，后来身体逐渐变热，感觉自己不被公正地对待，所以很生气。这种情况表明，该受训者的原发情绪很可能是无力感或无助感，随后变为不公正感和愤怒。愤怒并非他的原发情绪，而是最后一个继发情绪。

（3）训练对自己产生移情心理的洞察力。

"移情"这个概念最早出现在经典精神分析理论当中，用以描述来访者将自己童年早期对某个重要他人的情感，下意识地转移到咨询师/治疗师的身上。如果转移的是正向情感/积极情感，称为"正移情"（如来访者下意识地把童年早期对母亲的信任转移到自己的咨询师身上）；如果转移的是负向情感/消极情感，就称为"负移情"（如来访者下意识地把童年早期对母亲的失望转移到自己的咨询师身上）。

这个心理过程若发生在咨询师/治疗师的身上，就是"反移情"。例如，心理咨询师将自己童年早期对于妹妹的愤怒下意识地移情到某个来访者身上。

为了行文方便，在师生关系里，本书将发生在教师身上的这个心理过程称为"移情"——教师下意识地把自己童年早期对于某个人的某种情感转移到某个学生/某类学生的身上（如遇到不听话的学生，内心升起无助感），有时，也会下意识地转移到某个家长/某类家长身上（如遇到性格强势的家长，内心就会产生恐惧感和无力感）。

移情心理的产生，原因在于，教师心中原本有一个对于自己父母或他人的意象，这个意象同时承载着相应的情感情绪（可能是积极的，可能是消极的，也可能是积极与消极相混合的矛盾状态），在师生关系中，当教师下意识地把这个意象投射到学生/家长身上的时候，就发生了移情。因而，**在本质上，"移情"是一种心理层面的沾染——因分辨不清而产生的一种心理混淆现象。**

教师有意识地训练对自己产生移情心理的洞察力，实质上是在提高自己的心理分辨能力和去染能力。

在这个方面，意象对话有许多方法和技术。这里提供一个比较简单的方法，无论是否具有意象对话基础，教师都可以自行练习，或相互提醒。

第一步：回观自己是否对某个学生/某类学生/某个家长/某类家长有特定的情感情绪？（更多关注带有消极色彩的情感情绪）

第二步：在成为教师之前，特别是在成年之前，是否对某个家人或其他人产生过相似的情感情绪？

第三步：仔细辨析过去的那个家人或他人，与这个/类学生/家长有何共同之处？（共同之处既可能是外在的，如相貌、体征、发型、声音等，也可能是内在的，如：脾气、性格、观念、行为方式、说话态度、思维特点等）

第四步：在心里坚定地告诉自己，"此人非彼人""无论他们有多像，这个学生/家长都不是我心里的那个人"。

第五步：在现实生活中，不断地提醒自己这一点；甚至在面见这个学生/家长之前，刻意地提醒自己："我待会儿要见的是×××，不是×××"。

7. 掌握心理危机干预的基本知识和方法

心理危机是指人们面对重要生活目标的阻碍时所产生的一种状态。所谓"阻碍"，就是在一定时间内，人们使用常规方法和过往经验不能解决的问题。

心理处于危机状态时，个体确信自己无能为力，通常会产生丧失感、混乱感、恐惧感、震惊感、悲伤感、无助感、无力感、无望感、绝望感、缺憾感、失控感、内疚感、负罪感等。这种情况下，需要一种心理干预方法去尽量缩短当事人的危机时长，尽量减少和降低其严重影响，如精神崩溃、情绪沉溺、自杀意念、自杀冲动、伤人/杀人意念/冲动等。这种方法就叫心理危机干预。

严格说来，心理危机干预是一项非常专业的工作，是精神科医护人员、心理咨询师、心理治疗师和社会工作者的必备职业技能之一。然而，在现实生活中，我们每个人几乎都会面临生死离别，面对各种丧失，却并非每个人都能处理好，也并非在每一个需要处理好的时刻，都有机会获得专业人士的帮助。因此，**危机干预在身边**。

如果教师（特别是学校的管理层和班主任）具备心理危机干预意识，掌握心理危机干预的基本理念、基本知识和基本方法，至少可以更加从容地应对校园突发事件和学生突发事件。

曾有一位小学班主任通过邮件求助：班里的一个学生家里煤气泄露，一家三口（该生及其父母）不幸去世。她想帮助班里的其他学生一起面对这个伤痛，但又不知道具体该怎么处理。于是，我给她回复了邮件。这里，分享一部分回信内容：

您好！

看到您的信很心痛，这个创伤对于×××的整个家族都太大了。对于您和孩子们，也是不得不面对的一个创伤。

您考虑得非常周到，我们确实需要帮助孩子们面对并承受，化"危"为"机"。以下是我的建议，仅供参考：

（1）拿出一节课，或是一次班会，专门处理此事。您可以从"丧失"讲起：我们每个人来到这个世界上，会获得许多东西，也会慢慢地失去一些东西。所以，有的时候很开心，有的时候会难过。比如，可以问问孩子们家里是否养过什么小动物，它们是否受过伤、生过病，甚至死了……然后讲到亲人……他们为此做过什么……再说到，是否注意到班里的×××没有来上学。

（2）解释×××的死因时，可以强调烧煤或使用天然气的安全性——

只要规范操作、安全使用，是不会伤及性命的——以防孩子们感觉生命太脆弱，世界太危险。同时，告诉他们：×××去了一个很美的地方，那里有阳光，有鲜花，有清泉。虽然×××不再跟我们一起上学一起生活了，但是，我们可以帮助他完成心愿，继续努力学习、团结友爱，那样，他会很开心。

（3）带领全班同学进行一次集体告别的心理仪式——让孩子们既面对现实，又不沉溺于丧失之痛，并提供一个表达内心和释放情绪的机会。教室里布置得温馨一些，最好用些粉色，点燃蜡烛，每个孩子可以给×××写信、写卡片、画画。您事先准备一个盒子或者大信封，谁愿意念的话，就念出来，念完以后把东西装进这个盒子或大信封，不想念也没关系，直接装进去。您自己也可以用类似的方式进行表达。然后，把这个盒子或大信封当众密封起来，上面可以写字。至于是保留还是烧掉，最好和孩子们商量，只要大家觉得×××听到了这些心里话就好。最后，您可以带领大家一起在心里说："×××，你和爸爸妈妈在那边要快乐，我们也会好好地学习，好好地生活。再见！"

如果每个孩子都是落到地球上的星星，×××应该是回到天上继续去做星星了吧。此刻，我想说：亲爱的孩子，一路走好！

广义的心理危机干预，是指在灾后（天灾或人祸）急性期提供情感支持。它的主要目的，是避免当事人自伤或他伤，助其恢复心理平衡状态。

危机干预一般分为两个层次：第一级干预，又称心理急救，为当下能应付过去而提供支持（reestablish immediate coping），往往由第一个到达现场的人提供，如警察、军人、消防队员、搜救人员、急救人员等；第二级干预，又称危机治疗或危机干预，目标在于重建生活，修通危机，将变通融入生命（integration），往往由专业的助人人士提供，如心理咨询师、心理治疗师、精神科医护人员、社会工作者等。

危机干预需要介入以下要素："二安"——安身（指人身安全、医疗需求、生存需求、信息需求和通信需求）和安心（指隐私、保密、重获掌控感、不会因危机后的身心反应而被评判）；"二解"——纾解（指当事人能说出创伤的心理经验）和了解（指助人者表达出听到并知道当事人所说的）；"二预"——预测（指预测现实问题和相关的情绪反应）和预备（指对于接下来几天可能遇到的问题有何打算和计划）。

危机干预的重要原则：

(1)越早越好。 干预时间越早越好，有所谓"黄金72小时"的说法。 当然，教师绝不应蛮干，包括学校里的专职或兼职心理教师。 若自己感觉没有做好心理准备，则应在校方和其监护人的支持下，邀请专业人士承担此项工作，或在校方知情及当事人同意的前提下，帮忙链接专业资源，转介给专业人士。

(2)不忽视。 不忽视所有与危机事件相关的人的任何危机反应，诸如：明显的躯体反应（惊恐反应、呼吸困难、肌肉疼痛、月经失调、呕吐/呃逆、腹泻、发抖、痉挛……）；突然暴怒等不同于往常的情绪表现；在认知层面的各种不相信；在行为层面的过度警觉、不敢独处、发呆、噩梦不断等。 尤其要关注危机事件的直接当事人，以及亲眼看见危机事件的人。

(3)不回避。 不回避跟相关当事人谈及危机事件或相关话题。 需要注意的是，这里的"不回避"更倾向于被动——当事人主动提及危机事件或相关话题时（包括死亡、自杀、是否参加葬礼、如何处理遗物等），我们不回避，积极倾听，鼓励其表达消极情绪，处理部分人的内疚；如果当事人没有主动提及，我们未必需要主动谈起这些话题，而应根据实际情况以及对方的承受能力，进行动态调整。

(4)不承诺。 "不承诺"是特指当事人表达出自己的自杀计划或杀人计划而要求我们承诺保密时，我们绝不承诺，而是要强制报告——报告给警方、校方、监护人及其他相关人。 我们是教师，有义务最大限度地保护学生，但我们首先是公民，也有义务保护他人的生命安全和财产安全。

作为教师，我们在对学生进行危机干预时，需要做到几个"不要"：

(1)不要假设每个遭遇困境的学生都会受到心理创伤。 每个人都拥有一种先天的本领——精神复原力（mental resilience）。 有些孩子的精神复原力天生比较强，即使遇到挫折或不幸，也能较好地进行自我缓解和自我康复，不会堕入消极的面向，而是依然阳光、进取、乐观。

(2)不要假设处于危机状态的人都愿意交谈或需要交谈。尊重对方的心理节奏。

(3)不要"假安慰"。例如，"没事的""别担心""别难过""很快就会好起来"。

(4)不要引导学生推卸责任，或逃避现实。有些危机事件的发生，与涉事学生的某种过失行为有关。陪伴他们共同面对，比掩盖事实更具有建设性。

(5)不要询问危机事件的过多细节，避免引发二度创伤。

(6)不要专注于学生的无助、软弱或过错，而专注于其做出的有效行动或助人行为。增强其面对困境的信心和勇气，提升其自控感、责任感、自我价值感和社会连接感。

在进行危机干预时，态度胜过技巧——真诚、尊重、接纳、温暖的态度本身就具有疗愈性。同时，注意几点：

（1）保持镇定、放松的态度，与学生做最平实的沟通，询问目前自己可以帮忙之处；

（2）即时援助，消除学生的负面方法和退缩行为，强调需立即处理的问题；

（3）正向肯定学生的能力，重建其安全感、自信心和自控感；

（4）重新界定问题，积极应对，共同商定健康、有效的办法；

（5）注重情绪表达的平衡，不能只鼓励学生表达消极情绪，也要挖掘正向情感；

（6）肢体接触不是必需的；若出于心疼、支持、陪伴等积极情感，想握住学生的手或拥抱学生之前，必须取得他的同意；

（7）对于消极反应较为严重者，须强制报告，警方、校方、相关人员和专业人士共同协作，联合行动，最大限度地降低风险。

最后，分享一个小故事。

2020 年，新冠病毒感染疫情发生。我在教育部华中师范大学心理援助热线的一次夜间在线工作中，接到一个 14 岁小姑娘的来电。

她边哭边说："老师，我不想活了，我不想活了……"我回应："听上去，你很难过。想哭就放声哭吧，没关系的。我陪着你。"当她的哭声开始减弱时，我问了一个问题："孩子，你觉得你跟这个世界是什么关系？"她抽泣着，沉默了一会儿，说："包容。我觉得这个世界像是一个很大很大的空间，它能包容我。"我放慢语速："当你说'包容'的时候，是什么感觉？"她的声音变得清亮起来："天哪！这个世界竟然是包容我的……（啜泣）我感觉胸口暖暖的，心也不那么疼了，我好像可以呼吸了……"

通话即将结束时，我说："孩子，你都没有见过我，却愿意相信我，我好幸运啊！谢谢你！为了纪念咱俩的相遇，我想向你要一个承诺，可以吗？""嗯，好的，老师。""请你承诺：今生无论遇到多大的困难和挫折，你都不会放弃自己，不会放弃生命。如果你真的愿意做出这个承诺，请你真诚地重复这句话。"

当听到她非常认真地重复了这句话时，我感觉夜很深，天却亮了。

第五章
关系建设能力

教师的关系建设能力（psychological capability for building relation-ships）包含两个层面：一是教师与他人的关系建设能力；二是教师指导和促动学生提高关系建设的能力。

一、关系大于教育

没有关系，就没有教育（苑媛，2014）。 家庭教育如此，学校教育亦如此。

什么是关系？ 关系既是一种关联、牵涉、相关，也指对有关事物发生作用和影响，本质上是事物之间相互作用、相互影响的状态。

古人云"天时地利人和"。"人和"就是关系，而且"天时不如地利，地利不如人和"。"人和"就是和谐、融洽的人际关系。 人际关系是人们在各种具体的社会领域中，通过人与人之间交往建立起来的心理上的联系。 社会心理学研究发现，良好的人际关系是一个人心理发展顺畅，个性保持健康和生活具有幸福感的重要条件之一。

著名心理学家林崇德先生提出（2003），按照不同的标准，人际关系可以有许多不同的类型划分。 例如，按需求，可分为情感性人际关系和工具性人际关系；按联系原因，可分为血缘人际关系（血亲和姻亲所构成）、地缘人际关系（邻里、同乡等）和业缘人际关系（师生、师徒、同学、同事、上下级等）。

教师若是没有与学生建立起真诚、信任、温暖的师生关系，再好的教育方法也难以奏效。 同样地，学生在和自己父母（或其他重要抚养人）、同伴的关系里，如果有硬伤，也很难有幸福感，甚至较少体验到快乐的心情。

对于前者（师生关系），需要教师亲力亲为，成为实践者。 对于后者（除师生关系之外，学生与其他重要他人的关系），教师则可以担当指导者/促动者的角色。

在教师的关系建设范畴里，必然涉及学生与父母之间的亲子关系。 亲子关系是个体健康发展颇为重要的因素，尤其是青少年儿童。 换言之，父母是否重视与孩子之间的亲子关系，是否具有"关系建设"意识，以及建设亲子关系的实际能力，对于孩子的身心健康和人格发展极其重要。 当父母做得不到位，或出现严重偏差/缺失的时候，教师可以有意识地在这些"漏点""弱点""创伤点"上做一些心理促动工作。

关系是互动的，也是在互动中形成和发展变化的。亲子关系现状是亲子双方互动的现有结果。为此，我们不能一味地强调父母单方面的因素。不可忽略的是，孩子自身所具有的精神复原力，以及在亲子关系中所采用的应对策略（包括有意识的和无意识的），在亲子互动中也起着举足轻重的作用。

为了更好地说明这个问题，以下分享两个案例。

【案例1】女生，16岁。性格敏感，情绪易怒，曾多次与同伴和邻班的同学发生冲突。学习方面的自律性较弱，十分在意别人评论她的学习状况。有人督促时，能比较安心地学习，作业完成质量和考试成绩都会好一些；若无人督促，作业基本写不完，上晚自习的时候甚至会睡着，考试成绩也会明显下滑。喜欢化妆，尤其喜欢抹口红，偏爱黑色。所有的任课老师，无论男教师还是女教师，都比较反感她抹口红，但多人多次批评教育无效。

家庭情况：幼年丧母。父亲没有再婚，独自照顾她。父亲工作繁忙，常常用钱作为补偿，父女二人疏于交流。她自认为父亲只会给钱，不会给爱。

【解析】

（1）从学习行为和人际关系来看，该生的依赖心理较重，精神独立性和情绪稳定性较弱。内心需要被支持和被理解。幼年丧母是她儿时被动接受的一个创伤性事件，有可能让她心生恐惧，潜意识里害怕丧失，这至少带来两个消极后果：一是不相信"不离不弃"，与其有一天再次被动地面对"丧失"，不如主动地疏离或排斥他人（在此过程中会产生主控感），逐渐形成消极的应对模式——疏离或排斥；二是既渴望父爱，又害怕失去父爱，内心冲突，向外投射，表现为既依赖又不亲近的父女关系，并泛化为同样模式的社会关系。

值得注意的是，她在学习上表现出来的依赖心理，同时也是一个积极信号：她没有放弃学习，希望被关注、被重视、被认可，有一定的上进心和求知欲。

（2）她的敏感源于"信"和"爱"的不足。"信"不足的表现是，不敢相信自己是一个值得被爱的人。"爱"不足的表现是，不敢将爱的能量投注到自己所在意的人或事上。从她目前的视角看（带着受伤感的视角），"父亲只会给钱"，而不是她想要的陪伴、关注、认可等，会加剧她的"信"不足和"爱"不足；带着不足的"信"和"爱"去生活，去看待父亲，更加认为父亲"不会给爱"，更加体会不到自己想要的那些爱，由此而变得更自卑，也更失望、伤心、委屈……"信"和"爱"只能变得更加不足——恶性循环。

关于父爱这一点，有必要让她知道："爸爸爱你是一件事，爸爸爱你的具体方式是另一件事。这两件事不可混淆，也不可相互替代或掩盖。让你感到受伤的，只是爸爸爱你的某种方式。"

（事实上，在很多人的心理世界里，这两件事都是纠缠在一起的，甚至根本不知道"爱"和"爱的方式"是两件事。一旦分辨不清，便会带来心理混淆，由此引发认知、情绪、行为上的混淆，自然会对"关系"产生消极影响。）

从另一角度看，她在亲子关系、权威关系、同伴关系等各种关系里的行为模式，似乎是在做一种"验证"——"我就不好好表现，看你们到底爱不爱我"——每每遭遇消极评价或产生消极感受时，仿佛就得到了"验证"的结果："他们果然都不爱我。"然后，带着这样的"不信""不爱"继续跟他人互动，不断地遭受着消极的后果……恶性循环。真正的问题在于，她在潜意识里长期进行"破坏性验证"。"破坏性验证"毫无建设性。

（3）与其他所有的消极情绪相比较，愤怒是唯一一个可以让人的身体瞬间产生力量感的消极情绪，所以，愤怒很容易成为"情绪的外壳"，借以压抑（多为下意识的压抑）更深层的情绪感受。

如果她的内心深处有"弱小感"或"卑弱感"，却不自知或无力承担时，就需要用某种方式让自己显得"很厉害"，从而获得心理上的"力量感"或"强大感"，这样就不用去碰触"弱小感"或"卑弱感"了。换言之，仿佛为内心深处的"弱小感"或"卑弱感"找到了一种解决方式。外化为行为，就变成了容易愤怒，容易与人冲突，不服权威管教。

（4）喜欢化妆意味着她在意自己的形象，在意别人对自己的评价，并希望留下好印象。就颜色的心理象征意义而言，黑色象征神秘感、未知感、压抑感和恐惧。

鉴于老师的接纳度对于学生心理成长的至关重要性，我认为，从老师们最不能接纳的"抹口红"这个点切入心理工作，启动关系建设新模式，很有必要。于是，在她的班主任理解了"口红"和"黑色"的心理象征意义之后，我提出建议，请班主任找个适当的机会跟孩子聊一个有趣的话题：

"如果你的口红像人一样拥有独立的生命，它最想说什么？"

通过上述简要解析，我们可以发现，这个孩子身上有一些很好的心理资源是能够被善加运用的。

如果某位老师的班里有类似的学生个案，那么，请结合自己的性格特点、工作经验以及与该生的关系现状，既可以直接干预学生，也可以针对其他任课老师的"不接纳""不理解"，进行师生关系建设工作，改善班级生态，还可以指导家长如何与孩子进行更健康、更亲近的情感链接。

【案例2】男，7岁。扰乱课堂秩序，有的时候在课堂上爬来爬去，大喊大叫，拿其他同学的东西。情绪容易激动，有时骂人、说脏话。经当地两家三甲医院评估，属于情绪问题，不是多动症。学习成绩很不稳定，老师和家长抓得紧时，作业质量高，考试成绩好；老师和家长对他比较放松时，作业质量差，考试成绩差。在所有的任课老师里，跟数学老师（男）的关系最差，甚至有时故意跟数学老师对着干。

家庭情况：父亲和母亲都是硕士研究生学历。父母工作都很繁忙，父亲经常出差，母亲陪伴孩子更多。母亲脾气不好，容易激动，经常惩罚孩子。在家里，母亲比较强势，父亲基本没有发言权，两人经常吵架。与母亲争吵剧烈时，父亲会大喊："你要再这样，我就去死！"

班主任提供信息：该生很难融入集体。在班里，没人排斥他，可他不喜欢跟任何同学玩儿，也不喜欢参加集体活动。关于母亲教育方式的问题，班主任多次劝说和家访，无果。

【解析】

(1)对于大脑发育正常且身体健康的孩子来说，爬来爬去是一种退行的表现。退行(regression)是人类常见的心理防御机制之一，最早由精神分析学派创立者西格蒙特·弗洛伊德发现，是指人们在受到挫折或面临焦虑、应激等状态时，心理年龄退回到童年早期，下意识地放弃已经学到的比较成熟的适应技巧或方式，而使用早期生活阶段的某种行为方式，以满足自己的某些欲望(江光荣，2012)。

退行分为健康的退行和不健康的退行。健康的退行往往是有意识的、主动的、短暂的、可被理解和接受的。比如，成年人在陪同小孩子做游戏或玩耍时，像小孩子一样趴在地上、做鬼脸儿、蹦蹦跳跳，或者用小孩子的语气语调讲故事、说话、唱歌……这种退行行为不仅健康、必要，而且可爱、有趣，既能给小孩子带来亲近感、亲切感、安全感，也能被周围人所理解和接受。当游戏活动结束时，成年人又会有意识地"还原"为成年人说话、走路、行为的样子。

不健康的退行是一种不成熟的心理防御机制。例如，身体健康的小学生，为了从刚出生的弟弟/妹妹那里抢回母亲的关注，下意识地出现退行行为，开始尿床、尿裤子(张小乔，1998)、吮吸手指等。再如，身体健康的大学一年级学生，由于远离父母，远离熟悉的环境，不能很好地适应独自安排生活的新环境，而出现与生理年龄不匹配的依赖心理及其行为(不敢独自去食堂吃饭、去图书馆查阅资料、过周末等，总要"赖"在同学的身边，做什么事都需要陪伴等)。又如，经历了重大灾难或事故的成年人，身体康复，却"惊魂未定"，害怕承担某些责任，而下意识地启动"退行"机制，出现孩童般的依赖状态。

本案例中的小男孩，生理年龄是7岁，大脑发育正常，身体健康。在遇到自己无法面对或解决的问题时(如被妈妈惩罚、被爸爸忽视、被惩罚时不被爸爸保护、情绪痛苦等)，下意识地退回童年早期，出现爬来爬去的幼儿行为，以获得老师的关注(只在教室爬，不敢在家爬)，并借此获得父母的关注。

(2)大喊大叫是一种情绪表现。如果一个儿童大脑发育正常，言语功能健全，并且学会了用语言表达自己的情感和情绪(至少有机会学习)，那么，在他开心或不开心的时候，他就不会大喊大叫，而是会用语言去释放自己的情绪能量。反之，就会更多地使用无实际言语内容的声音去宣泄。

本案例中小男孩的家庭氛围是，父亲要么沉默寡言，要么大喊大叫；母亲的情绪起伏较大，对孩子过度惩罚，对父亲高声呵斥。对于他而言，学习用语言表达情感情绪的机会比较少，他更有机会去模仿和学习的是大喊大叫、骂人、呵斥。所以，老师和同学在学校里更多看到的是他的这种状态。

值得注意的是，这种状态也的确更多出现在校园，而非家里。在学校如此表现，可以一定程度地释放在家里的压抑感，并且比家里安全(老师不会打他)。

同时，为了更好地保护自己(至少可以降低挨打的概率)，他也下意识地学习了父亲的另一种方式：压抑自己，不表达。其好处在于，用这样的状态出现在家里，特别是出现在妈妈面前，更安全。其弊端在于，每压抑一次，心理积累的消极能量就多一分，一旦被触发或主动爆发，消极情绪的激烈程度就会超出甚至远远超出当下情境所引发的激烈程度，破坏性越大，对自己身心健康的损伤度也就越大。

至此，我们可以看到，在他身上，"压抑"和"大喊大叫"相互补偿，相互保护。

(3)拿其他同学的东西，是心理边界不清晰的一个具体表现。从行为表面看，这是道德层面的问题，应该被批评、被教育，培养孩子的规则意识和承担意识；情况严重的话，还应按照相关的校纪校规接受处罚，为自己的行为负责。

究其缘由，穿透行为表面，我们就会发现，它其实是心理层面的原因所致。或者说，拿别人东西在本质上是个心理问题。这一点与"前言"

所分享的那个例子相似——与孩子内心的富足感或满足感有关。说得再直白一些，与他儿时所获得的"爱"这个心理品质有关。

如前所述，当"爱"这个品质在童年早期出现较大创伤（年龄越小，受伤感越重，影响力越大），产生较强烈的缺失感、丧失感或被剥夺感，并超出了当事人的自我化解能力时，在心理层面则很难自行康复，便会带来消极信念、消极态度、消极感受以及消极行为。当事人没有觉察到这些之前，很容易出现心理边界不清晰的表现。比如，遇事易悲观，易受别人的影响，分不清"什么是我的""什么是别人的""什么是我应该做的""什么是我童年时期想要的""什么是我现在想要的"……

本案例中的小男孩，在"爱"这个品质上，显然有较大创伤，并超出其自我化解能力。与其说他在行为层面拿了不该拿的、别人的东西，不如说他在心理层面对父母很失望，对自己也很失望，试图越过界限，向外谋求。

稍微深入一点，我们就能体会到，他的父母也都存在"爱"的问题和"边界"的问题，似乎都下意识地陷在各自的早年创伤里，重复使用着早年的应对策略，即便痛苦，也不知道如何解脱。

（4）学习绩效与老师家长的态度有关。这一点比较简单。由于感觉被忽视、不被尊重、不被保护，所以想获得关注；并且，试图用学习绩效暗示父母和老师："你们只要关注我，对我好，我就好好学习，奖励你们，让你们高兴；否则，我就不好好学习，惩罚你们，让你们不高兴。"

可见，在这个孩子的心里，学习早已不是他自己的事，而是变成了一种可以用来控制老师和父母的"工具"/"手段"。

（5）当问及"数学老师像家里的谁？"，他说："像我爸呗。他也戴黑色的眼镜，动不动就不高兴。他们都喜欢摔东西……老师好几次都把黑板擦摔到地上，很吓人的。我才不怕呢！他要是敢打我，我就告诉妈妈，妈妈会收拾他的……"很显然，孩子对这位数学老师产生了移情，而且是负移情。

"移情"（transference）是精神分析心理学的一个著名术语，最早用来描述来访者对心理咨询师或心理治疗师所产生的一种常见的心理现象。后来，发现它并非只在咨访关系（或治疗关系）中发生，在日常的人际关系里也普遍发生，尤其在亲密关系里大量存在。前文已述，移情是指一个人将自己对童年早期某个重要他人的情感，下意识地转移到另外一个人的身上。如果转移的是积极的情感（如喜爱、信任、依恋等），就叫"正移情"；如果转移的是消极的情感（如厌恶、憎恨、愤怒、失望等），则叫"负移情"。

简单说来，由于父亲与数学老师在样貌、装扮上的"形似"，特别是在脾气秉性、表达消极情绪上的"神似"，致使本案例中的小男孩在潜意识里把数学老师当成童年早期印象里的父亲。于是，把内心深处对于父亲的害怕、失望和愤怒，下意识地转移到数学老师的身上，仿佛"误以为"数学老师就是他的父亲（在他的理性层面，他知道这人不是父亲，但在潜意识层面，没有觉察到）。由此带来的结果是，在现实层面，当他不开心时，当数学老师出现与父亲相似的态度、情绪或行为时，他就像是被按动了"机关"，无法自控地呈现出原本指向父亲的害怕、失望和愤怒，甚至直接对抗数学老师。

与其说，他在行为层面表现出不喜欢数学老师，冲撞数学老师，不如说，他的心里住着一个无助的小动物/年龄更小的孩子，一次次在心里对父亲呐喊："你为什么不保护我?!""你为什么动不动就说去死?!""你死了，我怎么办?"

（6）母亲情绪易激动，家庭氛围易紧张，增加孩子的不安全感。孩子在家压抑，在校释放，以恢复心理平衡。过度惩罚孩子，反映出母亲的心理不够健康，也许源于她对婚姻的不满意，却又难以启齿，甚至根本没有意识到自己内心深处的这些不满意。于是，下意识地向外投射，逐渐演变成针对孩子的暴力行为。如果不加以制止，并疗愈相应的性心理创伤，母亲的暴力行为将对孩子的身心健康，包括性心理发展，带来消极影响。

（7）父母的互动模式不健康。对于大多数孩子而言，来到这个世界上，最早见到的亲密关系，通常是父母的亲密关系。本案例中，父母经常出现的互动模式是冲突，对孩子容易造成一些消极影响。

譬如，心情容易紧张、焦虑或低落；精神上容易出现高度警觉的状态（这是一种无意识的应对，仿佛随时提防着/等待着"冲突"的发生，易体会到失控感）；对家庭缺乏归属感（下意识地迁移至学校，会觉得在学校也不太有归属感，很难融入集体）；不敢跟别人建立关系（似乎"关系"本身就意味着纠缠、痛苦、危险）；不懂得如何跟别人建立关系；不懂得如何用沟通去解决问题；出于无意识的模仿，易用简单粗暴的方式解决问题……

【建议】

第一，根据我国相关法律的规定，对于母亲的长期暴力行为，校方有义务强制报告。在明确告知母亲的情况下，尽快报告给相应的部门，采用多方力量联动的方式，最大限度地保护孩子，同时也帮助母亲，如法律手段、行政手段、心理干预、学校社工介入等。

第二，现实条件允许时，鼓励父母接受专业的婚姻咨询，解决隐藏在亲密关系里的深层心理困扰，以相互陪伴成长的健康心态改善婚姻质量，从而为孩子带来新的、和谐、美好的家庭氛围和亲密关系榜样。

第三，鼓励父亲回到"父亲"的心理序位，承担起"父亲"的责任，在不影响工作的前提下，提高陪伴孩子的质量。为了提高孩子的心理健康水平，父亲应多表达对儿子的尊重和认可，更多关心儿子的心情。

第四，老师们高度觉察，并努力避免"因病获益"，不让学生因为不健康的行为而获得更多关注。这一条适用于所有的学生。例如，学生表现不佳时，当众忽略，私下了解情况，讲明道理，提出合理要求，并表达对学生的信任；表现良好时，当众赞美——不是简单地赞美行为，而是透过行为，赞美行为背后的道德品质或心理品质。换句话说，让学生因积极行为获得积极关注，不因消极行为获得消极关注。

这里提及的"赞美"，强调用心理学的理念和方法来操作。具体细节，将在第七章"问题解决能力"进行详述。

关于赞美，仅以上述案例中的 7 岁男孩为例。

针对他的写作业和考试成绩问题，老师可以称赞并鼓励他："你发现了吗？每当老师和爸爸妈妈管得比较严的时候，你的作业就会完成得好，考试成绩也不错，这说明你不但具备很好的学习能力和考试能力，而且从来都没有放弃过自己，希望自己可以更好。你只是还没有找到适合自己的方法而已。"

二、提升积极情感情绪的感受力

在现实生活中，我们会发现，很多孩子和成年人在积极情感情绪的感受力方面比较弱，也会直接影响到关系质量和互动深度。

例如：

妈妈明明是关心孩子，可是，话一出口就"变味儿"："这么热的天，你还穿两件衣服，你是不是傻啊?!"

孩子明明是心疼妈妈，措辞却是这样的："您要是不想给我们做饭，就甭做了，好像谁稀罕吃似的。"

爸爸明明为孩子感到骄傲，非要说："瞧把你给美的！我跟你说啊，要是不努力，后面的同学分分钟就能超过你。"

孩子明明思念爸爸，想让爸爸主动联系自己，却跟朋友说："谁让他惹我的，我才不理他呢！"

……

因此，为了提升教师的关系建设能力，也为了借助教师的这项能力去推进学生在原生家庭和校园环境里的关系建设能力，接下来，我们谈谈如何用意象对话的方法提高学生对积极情感情绪的感受力。

在呈现具体的练习方式之前，先做几点说明：

（1）以下进行练习的方法同样适用于提高教师对积极情感情绪的感受力。

尤其适用于这些教师，以便其有效调适心理失衡状态：性格苛求完美，容易焦虑/烦躁/生气，已产生职业倦怠感/枯竭感，许久没有体验过开心的感觉，沉溺于某种消极情绪，缺乏工作活力/生活动力等。

（2）所有的任课教师、行政教师、后勤教师都可以做这些练习。

行政教师和后勤教师做这样的练习，更多是为了自我修习和自我提升，也可以在家里引领自己的未成年孩子做，以从小培养孩子的感受力。

任课教师除了自我修习和家庭心育之外，还可以结合自己所承担的教学工作，进行有创意地操作。

例如：音乐老师、美术老师和体育老师，先让学生体会某种积极的情感或情绪，当身体和心里都有了感觉，脑海里有了意象之后，再用歌声、舞蹈、乐器、绘画、动作去淋漓尽致地表达。

再如：语文老师或英语老师在讲解一篇课文之前，先提炼出这篇文章的一个"积极点"（如：骨气、底气、正气、智慧、仁义、英雄、才华、奋斗、情怀……），引导学生们专注地感受它，简单分享身心体验之后，再进行讲解。带着情感卷入的学习，课本上的文字符号会变得生动、可爱、亲近。

（3）以下进行练习的方法同样适用于提高学生对消极情感情绪的感受力。

为了不跟后面篇章所讲到的"建设性表达""倾听"等相关内容相混淆，这里仅以积极的情感情绪作为练习的内容。

（4）练习中的"幸福""自信""爱""美"可以相互替换，还可以引导学生体会其他的积极情感情绪。 如：幸运感、快乐感、自豪感、自由感、安全感、稳定感、正义感、满足感、力量感、感动、感激……

请各位老师，根据自己的成长需要或工作需要，酌情使用。

以下练习之所以分为"1"和"2"，是因为它们之间存有内在逻辑关联——"提高对自己身心的感受力"是基础，"提高对某种特定积极情感情绪的感受力"是应用。 换言之，当我们能够基本掌握体验躯体感受和体验情绪感受的要领，并学会将其意象化，再去聚焦于某个具体的积极情感、情绪或感受，体验过程会更自然，更顺畅，或者说，更容易"找到感觉"。

诚然，在实际操作上，未必需要遵循这样的顺序。 直接实施"2"里面的具体练习，完全可行；单独实施"1"里的某一个练习，也是完全可行的。

1. 提高对自己身心的感受力

【练习1】躯体感受意象化

闭上眼睛，全身放松。若有学生不想闭眼的话，也没关系，指导他们低下头，下巴往回收，眼睛向下看，保持注意力集中。指导语如下：

"请想一件曾经让你感觉幸福的事情……

"当你感觉到幸福时，仔细体会自己的身体，看看身体会有哪些变化和反应？有的很细微，有的很明显；有的来得快，有的来得慢……都没有关系，关注身体的变化和反应就好。比如，体温、皮肤、呼吸、心跳、血液流动的速度、内脏的感受、手脚和四肢的感受……

"当你基本可以体会到这些感受的时候，想象一下，如果这些感受可以汇集在一起，变成一个形象，或者变成一个画面，等一等，看看会变成怎样的一个形象或画面。

"愿意的话，你可以在想象中，把这个幸福的形象或画面定格，仿佛拍成一张照片，然后，把它收藏在身体的某个具体部位。以后，每当你感觉不那么幸福，或者很想体验幸福感的时候，就可以在想象中，到这个收藏的部位去提取幸福的能量，让自己的心情好起来。

"请记住幸福的感觉。

"现在，放慢呼吸，闭着眼睛用手摸一下你一直坐着的那把椅子（现实场景里可能是凳子、垫子、沙发等，根据现实场景调整用词）。你的身体从未离开过客观世界，刚才只是做了一番想象。

"好，继续放慢呼吸。我数3个数。听到1的时候，你就会身心合一地完全清醒过来。3、2、1。睁眼，放松一下。"

【练习2】情绪感受意象化

闭上眼睛，全身放松。若有学生不想闭眼的话，也没关系，指导他们低下头，下巴往回收，眼睛向下看，保持注意力集中。指导语如下：

"请想一件曾经让你感觉自信的事情……

"当你感觉相信自己的时候，这种自信的感觉会变成一个形象，或者，可能会变成一个画面。呼吸放慢，耐心地等一等。

"如果变成了一个形象，你看看他长什么样子？有什么特点？表情如何？

"如果变成了一个画面，你看看这个画面的整体氛围是怎样的？整体色调是什么？画面里都有什么？

"一边细心观察，一边体会：这个形象或画面带给你什么感觉？

"愿意的话，你可以在想象中，把这个自信的形象或画面定格，仿佛拍成一张照片，然后，把它收藏在身体的某个具体部位。以后，每当你不那么自信的时候，或者很想找回自信感的时候，就可以在想象中，到这个收藏的部位去提取自信的能量，让自己自信起来。

"请记住自信的感觉。

"现在，放慢呼吸，闭着眼睛用手摸一下你一直坐着的那把椅子（现实场景里可能是凳子、垫子、沙发等，根据现实场景调整用词）。你的身体从未离开过客观世界，刚才只是做了一番想象。

"好，继续放慢呼吸。我数 3 个数。听到 1 的时候，你就会身心合一地完全清醒过来。3、2、1。睁眼，放松一下。"

【练习3】登岛取宝（研发者：苑媛）

这个意象对话小练习是在临床实践中自主研发的。它通过引导来访者深入潜意识探寻自己原本所具有的积极的心理资源或心理品质，增强对某种心理资源或心理品质的感受力，从而提升自信心与希望感。

该练习在教师团体培训、中学生团体辅导、一对一的咨询师成长督导以及一对一的个案咨询中均使用过，反馈良好。在此与各位读者分享。

如果哪位老师需要迅速提升学生的自信心与希望感，增强其面对困难或挫折的勇气（特别是近期正在面对某个具体的困难或挫折），不妨试试这个小练习。除此练习之外，老师若能针对学生所面对的困难或挫折，提供相应的行为指导，效果会更佳。

"登岛取宝"操作如下：

引导学生闭上眼睛，全身放松。指导语如下：

"想象中，有一艘船行驶在一片水域。你在船上，可以清楚地看到这是一片怎样的水域？（大海？湖泊？……）感受一下它，也感受一下周围的景色。

"这艘船会把你带到一个只属于你的小岛。

"这次登岛，是为了找到一个百宝箱。上岛之后，请四处走走，一边仔细观察，一边寻找那个百宝箱。你以前没见过它，所以不太清楚它具体是什么。它可能是一个盒子，可能是一个箱子，也可能是一个神奇的瓶子或其他什么容器，甚至隐藏在岛上的某个地方。当你看见它时，心里会知道，它就是你要找的百宝箱。

"如果你始终找不到，别着急，在心里真诚地呼唤它，它就会出现在你的眼前——请相信，这个岛只属于你，这个百宝箱也只属于你。

"当你找到它的时候，先观察一下它的样子、大小、颜色、质地等，用手摸一摸，感觉一下它。然后，打开它，看看里面装着什么宝物。

"观察这些宝物的同时，体会一下自己的身体和心情。

"如果愿意，你今天可以带走其中的一件宝物，而且，只能带走一件。现在，请你用直觉，选择其中的一件，取出来，放在手里，仔细地观察。还可以把它贴近脸或身体，仔细地感受。确定这就是你今天要带走的宝物之后，把它放好（比如：戴在身上、放在兜里……），再把百宝箱放在一个让你自己感觉安全的地方，并记住这个地方。

"然后，转身离开这座岛，回到那艘船上。这时的你，会比之前更自信、更有智慧，对未来更充满希望。你会带着这件精神层面的宝贝以及心理上这些好的感受，坐在船里。船会把你带回到客观现实世界。

"现在，放慢呼吸，闭着眼睛用手摸一下你一直坐着的那把椅子（现实场景里可能是凳子、垫子、沙发等，根据现实场景调整用词）。你的身体从未离开过客观世界，刚才只是做了一番想象。

"好，继续放慢呼吸。我数 3 个数。听到 1 的时候，你就会身心合一地完全清醒过来。3、2、1。睁眼，放松一下。"

2. 提高对某种特定积极情感情绪的感受力

这里，仅以"爱"和"美"为示例。所有积极的情感、情绪和感受均可成为此项练习的内容。在操作上，一次只体验一个积极情感、情绪或感受。

【练习1】

闭上眼睛，全身放松。若有学生不想闭眼的话，也没关系，指导他们低下头，下巴往回收，眼睛向下看，保持注意力集中。指导语如下：

"我们每个人都是因为爱，来到这个世界上。从小到大，我们都体验过爱，不论是短暂的，还是持续的。

"现在，请你回忆一个曾经让自己感觉到爱的事情。它可能是个瞬间，也可能是一件具体的事情，或者涉及某个人，这都没关系，心里找到那种有爱的感觉就好。

"当你体验到爱的时候，看看自己的身体和心里会发生什么。

"当身体和内心有什么事发生的时候，脑海里可能会有形象或画面。呼吸放慢，耐心地等一等。

"如果脑海里出现的是一个形象，你看看他长什么样子？有什么特点？表情如何？

"如果脑海里出现的是一个画面，你看看这个画面的整体氛围是怎样的？整体色调是什么？画面里都有什么？

"一边细心观察，一边体会：这个形象或画面带给你什么感觉？

"愿意的话，你可以在想象中，把这个形象或画面定格，仿佛拍成一张照片，然后，把它收藏在身体的某个具体部位。以后，每当你感觉自己"不被爱"了，或者想体验"爱"的感觉时，就可以在想象中，到这个收藏的部位去提取"爱"的能量，让自己再次拥有爱。

"请记住心里有爱的感觉。

"现在，放慢呼吸，闭着眼睛用手摸一下你一直坐着的那把椅子（现实场景里可能是凳子、垫子、沙发等，根据现实场景调整用词）。你的身体从未离开过客观世界，刚才只是做了一番想象。

"好，继续放慢呼吸。我数3个数。听到1的时候，你就会身心合一地完全清醒过来。3、2、1。睁眼，放松一下。"

【练习2】

闭上眼睛，全身放松。若有学生不想闭眼的话，也没关系，指导他们低下头，下巴往回收，眼睛向下看，保持注意力集中。指导语如下：

"这个世界存在各种美，它们总是美丽的、美好的，甚至令人向往的。有自然界的，有人世间的，有人与自然、植物、动物互动时产生的，也有人类自己创造的美……有的美转瞬即逝，有的美恒定久远。

"现在，请你回忆一个曾经让自己发现美、拥有美，或者感觉到美的事情。它可能是静态的，也可能是动态的，都没有关系，心里找到那种发现美、拥有美或体验到美的感觉就好。

"当你体验到美的时候，看看自己的身体和心里会发生什么。

当身体和心里有一些发生的时候，脑海里可能会有形象或画面。呼吸放慢，耐心地等一等。

如果脑海里出现的是一个形象，你看看他长什么样子？有什么特点？表情如何？

如果脑海里出现的是一个画面，你看看这个画面的整体氛围是怎样的？整体色调是什么？画面里都有什么？

一边细心观察，一边体会：这个形象或画面带给你什么感觉？

愿意的话，你可以在想象中，把这个形象或画面定格，仿佛拍成一张照片，然后，把它收藏在身体的某个具体部位。以后，每当你觉得这个世界"不太美"了，或者想提升自己的审美情趣时，就可以在想象中，到这个收藏的部位去提取"美"的能量，让自己再次发现美、拥有美、感受美。

请记住对美的感觉。

现在，放慢呼吸，闭着眼睛用手摸一下你一直坐着的那把椅子（现实场景里可能是凳子、垫子、沙发等，根据现实场景调整用词）。你的身体从未离开过客观世界，刚才只是做了一番想象。

好，继续放慢呼吸。我数3个数。听到1的时候，你就会身心合一地完全清醒过来。3、2、1。睁眼，放松一下。"

第六章
人际沟通能力

教师职业的特性决定了每一位教师都离不开与人的交往。 与同事、家长、学生等的交往，对于实现教育教学目的，提高教师自身的素养，有着无法忽视的作用（黄爱华，2013）。 在其职业性交往活动中，人际沟通能力举足轻重。同时，教师角色的多元化特征（王佳琦，2014），也对其人际沟通能力提出更高要求。

第五章讲到，没有关系，就没有教育。 而关系的建立与建设离不开沟通——沟通如桥梁，连接关系的双方或多方；沟通如润滑剂，滋养关系的双方或多方；沟通小如药液，疗愈关系的双方或多方。

教师的人际沟通能力（psychological capability for interpersonal communication）是指教师通过思想、观点、情感、态度的交流，建立良好协作关系与合作关系的能力。

在概念界定中，之所以出现"协作"与"合作"两种关系，主要是考虑到教师角色的特殊性，以及其人际沟通能力的工作落点有所不同。

仅就教师角色而言，沟通对象主要包括学校领导、同事、家长和学生（为区别于"心理成长能力"，这里暂不论及教师与自己的内在沟通）。 其中，教师与学校领导、同事的沟通能力服务于"协作关系"，强调配合、调和、协助；教师与家长、学生的沟通能力服务于"合作关系"，强调联合、共同、和谐，具有更高程度的情感卷入。

在心理学界和教育学界，关于提高教师人际沟通能力的研究成果十分丰硕，这里并不准备进行文献综述，而是想聚焦在适合教师自我修习的几个关键点上稍做阐述。

简单说来，"沟通"无非包含"说"与"听"两个方面。 "说"是表达，"听"是倾听。 这两个方面交互作用，相互补充，相互支持，相互影响，既涉及对他人的理解，也涉及他人对自己的理解。

越是理解自己和他人，就越能有更好的生活。

一、意象对话式表达

1. 意象对话式表达

所谓"意象对话式表达"，就是运用意象对话心理学的理念、范式和价值观，以

意象符号为载体,通过象征性表达通向潜意识的表达方式。

"意"为心言,本义心志,其含义是有意志,有意愿,有意图,有心理象征意义。"象",相也,表现形式可为视觉、听觉、嗅觉、触觉、味觉、内脏感觉等。"象"有襄助之义。 襄助是指农耕与播种的结果。 所以,"象"并非静态表象,而是一个有生命的动态过程。

"象征性表达"里的关键词是"征"。"征"的本义是指到很远的地方去。具体含义有召集、唤醒、激活、征兆等。 **对于意象对话而言,"象征性表达"的本质是创造机会——把个体潜意识与集体潜意识当中那些见微知著的生命能量呈现出来、觉察出来、释放出来。换言之,象征性表达是带着觉察的呈现和释放。**

2. 意象对话式表达是一种"非"常的表达

意象对话式表达具有 5 个鲜明的特点。 标定这 5 个特点的英文单词首写字母都是 N,所以,我们也可以称其为 **5N 表达**。

(1)非单维的(Non-unidimensional)。

在任何情境下,意象对话式表达都不是单维度的,而是多维度、多层面、甚至多面向的。 即使是看上去很简单的一句话,也是在表达多维度的意思——既有意识维度的,也有潜意识维度的;既有逻辑思维层面的,也有原始认知层面的;既有积极面向的,也有消极面向或其他面向的。

例如,在现实生活中,当师生二人对话时,学生面露不快,教师常常会说:"你别不乐意听,我说这些都是为你好。"倘若换作意象对话式表达,教师则可以这样回应:"你是不是认为我在批评你?"或者,"我这么说的时候,你怎么了?"

我们简单解读一下。

"你是不是认为我在批评你?"这句话至少传递了四层意思:第一,"我没有批评你";第二,"你现在感觉不舒服,可能是因为你认为我在批评你";第三,"如果你认为我在批评你,那么,你此刻的心情是什么?";第四,"你在潜意识里把我当成谁了?"。

"我这么说的时候,你怎么了?"这句话至少传递了五层意思:第一,"我关注到了你的不开心";第二,"我愿意倾听和分享你的不开心";第三,"你的不开心既跟我有关,也跟我无关";第四,"此刻的不开心是一种触景生情——当下相似的景,触发了你潜意识里早年生活的某个情";第五,"面对批评情境时，你会下意识地退行到几岁？"。

再如，所有学习心理动力学的人都懂得坚持成长的重要性，学习、运用和研究意象对话的人也不例外。 我们在解情结、化情绪、增觉察、悟原型的过程中，有时会产生一种"卡住"的感觉。 之所以"卡住"，有时是因为没有觉知到某种下意识的"沾染"，有时是因为存在家族性精神遗传（犹如一种心理基因），有时则是由于习惯了"一招鲜"，只在单一维度进行处理。

针对最后这种情况，意象对话式表达便有助于快速突破"卡住"的困境。我们可以提醒自己或对方进行灵活的多维体验，诸如：躯体、情绪、意象、子人格、子人格单元、子人格关系、子人格关系单元、情结树等；即使是标定感觉本身，也可以启动多种感觉表征，如：视觉、听觉、嗅觉、触觉等。

（2）非验证的（Non-validating）。

意象对话心理学追求"信爱知行"，也相信"信爱知行"，但从不验证。 因为"验证"象征着"不相信"，而这种"不相信"是潜意识里的。 在理性/意识层面，当事人误以为自己"相信"，其实，只是"想去相信"罢了，并非从心底长起来地、发自内心地、毫无质疑地"相信"。 简言之，**真信、真爱、真知与真行，皆不需验证。**

前面讲到，意象是一种符号。 有声语言是符号，无声语言是符号，身体本身是符号，肢体动作、行为习惯乃至一个人/一个民族/一个国家的历史都可以看成是意象符号。 因而，无论是一个个体的人，还是一个社会意义上更大的"人"，使用意象对话式表达时，**只要心怀真信、真爱和真知，并不需要去验证什么（无论是有意识的，还是无意识的），直接身体力行地去真信、真爱、真知和真行即可。** 原因很简单，一旦去验证，便失了"真"。 抑或是，原本就"不真"，至少真的"不实"——不扎实、不着实、不踏实、不实在。

举例来说，你若坚信人间有"真爱"，渴望拥有情比金坚的爱情，那么，不论今生是否能够拥有彼此深爱的亲密爱人，哪怕乘风破浪伤痕累累，迄今为止仍是形单影只，那颗"真爱"的种子始终长在心底，从未动摇，从未霉变，也从未干瘪枯萎。 即便到了离别人世的那一刻，心里也会说："虽然我今生没有拥有想要的爱情，但我相信，情比金坚的爱情是存在的。"

总之，坚信"真爱"的人，不会在两性交往中不断地考验对方、试探对方或为难对方，不玩儿心理游戏，不会企图用对方的言行去验证自己想要的那种爱，而是非常清楚自己在亲密关系里最在意的精神营养是什么，然后，据此做出选择，承担结果；并且，处在一段亲密关系里的时候，能够有底线有自我地真心付出、真心合作，有意愿有能力为对方提供他最在意的精神营养。 在亲密关系这件事上，做到上述这些的人，就是做到了"意象对话式表达"。

（3）非证明的（Non-probative）。

此处需要澄清一下，我们现在讲的是心理学范畴里的"表达"问题，所涉及的"证明"一词不同于自然科学界的"证明"。

由于意象对话式表达是"非验证的"，从而也就具有了"非证明的"特点。证明，是为了判断或判明某种真实性。 既是真实的，就说明原本存在。 原本存在，何须判明？

一旦有了想去"证明"的动机，就会激发并促动自己的心理能量朝着"证明什么东西"的那个方向去流动，去投注。 这种心理倾向会推动着我们不同程度地离开本真。"证明"的动机越强，距离本真就越远；越远就越难得到想要"证明"的东西；越得不到，就越想"证明"……由此形成恶性循环。

譬如，你是一个洁身自好的人，这意味着你具有洁身自好的心理品质，这个品质不会受到任何人、任何环境和任何舆论的影响，因为这个品质真实地存在于你的人格当中。 它像所有的人格特质一样，具有相对稳定性。

如果有一天，你遇到了一个压力情境，出于某种心理动机或心理需要，你试图向别人"证明"自己的洁身自好，甚至掩盖或粉饰心理真相，向外人展示出一个洁身自好的形象，那么，在那一刻，你已经不再"洁身自好"了；或者说，你只是做了一个形象管理——基于应对性的自恋心态，维护了一下自己的形象而已。 相反，在某种压力情境下，你的心里起了波澜，但你仍然保持内外一致，带着觉察去做那个心里有波澜的"纯洁的"自己，这种行为貌似不完美，其实很健康，也恰如其分地做到了"意象对话式表达"。

（4）非暴力的（Nonviolent）。

非暴力表达并非意象对话的独创。 但是，意象对话十分强调非暴力，强调建设性和成长性，具体是指：非伤害，非剥夺，非强制，非压制，还包括：非懦弱，非奴性，非推责。

　　以师生沟通为例。学生面对老师的分析或建议时，有些不开心，老师可以这样回应："如果我的哪句话让你感觉不开心，请跟我分享一下这种不开心。也可以体会一下，不开心时，脑海里出现了怎样的画面？"

　　【说明】大量的临床实践表明，大中小学生在学习和行为方面所表现出来的各种问题，很多时候并非学习或行为本身出了问题，而是受到了情感、情绪、动机或需要等更深层心理因素的影响。教师有意识地使用意象对话式表达，没有批评、指责、攻击，也没有伤害、剥夺、强制、压制，而是透过表层，关注内在，有利于促成学生将心理能量收回到自己身上，身心合一地去体验，去觉察，在教师的引领下，共同探索影响学习或行为的深层原因，从而达到"治本"的功效。

　　以日常对话为例。孩子放学回家晚了两小时，在这两小时里，妈妈联系不上他，很是担心，转而会感到无助和愤怒。（真实情况是：孩子的手机没电了，放学后跟几个同学去了麦当劳，吃完写了会儿作业。）那么，请问：如果你是这位妈妈，是否意识到自己的情绪快速分为三层，按照时间发生先后，分别为：担心——无助——愤怒？在孩子安然无恙进家门的那一刻，你说出口的第一句话可能是什么？"你跑哪儿疯去了？！""你还知道回家呀？！""你这孩子怎么回事啊？你心里还有没有我这个妈？！"这样讲话是暴力式的——既激起了孩子的不愉快，也令自己更加不愉快，重要的是，孩子并不清楚自己的什么行为让妈妈不高兴了。（手机没电？去哪儿没打招呼？跟同学去麦当劳？在麦当劳吃东西？在麦当劳写作业？……）妈妈真正想表达的到底是什么？（她很生气？她不信任我？她在指责我？她不喜欢我了？……）如此一来，孩子无从知道，自己到底该怎么做。在被指责的情境下，也很难体会到：妈妈生气的背后是无助，是担心，而无助和担心源于妈妈对自己的爱。

　　诚然，妈妈也可以进行非暴力表达："你今天回家晚了两小时，妈妈好担心啊，因为联系不上你，不知道发生了什么。我希望以后再遇到这种情况，离开学校之前，一定要想办法告诉妈妈一声。"还可以是意象对话式的、蕴含着反求诸己的非暴力表达："在失联的这两小时里，妈妈的心就像被掏空了一样，没着没落的。如果能提前知道你的安排，我会很踏实。但不管怎样，我相信你！"

（5）非期待的（Non-expectant）

能够在人际表达、人际沟通和人际关系中做到"非期待"，是一个人心灵成长的一种表现，特别是在亲近关系里，敢于放弃错误的/不健康的期待。 这些期待的本质是"抓取"，里面裹挟着心虚、控制、榨取、剥削，更像是一种催眠，催眠对方按照自己的意志或意愿去行动/改变，仿佛在说："我的意志更应得到贯彻！ 你的意志，我不关心。"

意象对话是运用意象提高觉知的心理学，既有自信，也讲礼貌，所以，不会把自己的生命意志强加给他者，不会入侵他者的心理边界。

这里，想以意象对话心理学的创立者朱建军先生为例。 朱老师有一个很大的志向：发展中国文化基础的心理学。 这是他毕生的梦想，充满了希望的动力。 这个梦想促动着他一直往前走，一直走，一直走，不论身边是否有人跟随，不论是否得到学术界的认可，他都不会轻易地停下来。 他的心理容量很大，既容得下身边有人追随，也容得下一时间无人跟得上他的脚步；他不会因取得成功而得意忘形，也不会因被质疑而心生怨怒；生态环境顺畅时，就心无旁骛地往前走，遭遇严重的搅扰和被"泼脏水"时，不得不花费时间去回应，就带着由此产生的"可惜感"，边回应，边前行。

如果把朱老师追逐梦想的这个过程当作一个意象来看，我们就能领悟其中的"非期待"，还能觉察到"非期待"里面所渗透的现实感——既不期待意象对话学员都跟着他做这件事，也不期待都不去做这件事；既不期待被搅扰，也不期待毫无搅扰。 简言之，朱老师追梦的过程是一种意象对话式表达。

3. 意象对话式表达的具体操作

表达有道，亦有术。 道，体现于术。 这里所说的具体操作，就是"术"，是指意象对话式表达在不同情境或不同领域的实际应用。

意象对话不追求极致，也不苛求完美。 所以，此处不穷尽意象对话式表达的具体操作，简单举几个例子。

（1）日常表达。

意象对话式表达应用于日常生活时，无论是有声表达（比如说话），还是无声表达（比如行为），都非常重视"觉察"和"态度"。 当然，我们也可以把觉察理解为一种态度。

从操作的角度来讲，日常表达的"态度"主要包括：

·共情（"我像一面干净而完整的镜子，映照出你的感受，却未唤起我的感受，并表达给你听"；至少是"试图去理解""努力去理解"）

·澄清（透过表层，澄清问题的本质）

·身心合一（不把身体当工具使用；既体验身体感受，也体验心理感受）

·表里如一（内在体验与外在表达相一致）

·有现实感（对世界的感知和体验符合客观外在）

·真情实感（通过觉察，将下意识的心理防御机制转化为有意识的健康应对方式；不欺骗自己；不欺骗他人；不玩心理游戏；在既不伤害对方，也不压抑自己的前提下，表达真情实感）

·不卑不亢（既不妄自菲薄，也不妄自尊大；既不低声下气，也不傲慢自大）

以教师评职称为例。如果不想得到正高职称，就在做好分内事的前提下，去做自认为有价值有意义的事情，而不去合理化（如："我想把机会留给其他老师"），也不去理想化（如："职称这东西嘛，不过是个虚名，当个货真价实的老师就挺好"）。如果想要得到正高职称，就保持现实感，遵守游戏规则——按照本校当年发布的职称评定规则认真准备参评材料，不抱怨，不矫情；在参评现场，不卑不亢，将心理能量聚焦在自己的口头述职和PPT展示上；面对参评结果，无否认地接受。

（2）校园工作。

将意象对话式表达引入日常的校园工作，能够较快启动有效沟通。

【举例】

某男生，8岁，小学二年级。

家庭经济条件比较好，衣服却总是很脏。常常莫名其妙地情绪低落。情绪易失控（跺脚，大喊大叫，情绪特别激动时，会用肢体攻击同学）。不遵守课堂纪律，经常在老师讲课的时候随意起立或走动。语文和英语成绩较差，很少及格。数学成绩很好，多次考满分。在学校几乎没有朋友。小学一年级时，因为下课抱了一下同桌的女生，被班主任当场严厉斥责，并罚站一节课。

课余时间喜欢弹钢琴。据班主任和家长反映，这是他唯一的爱好。

二年级第一学期，原来的班主任由于身体原因休假。新来的班主任是一位年轻的女研究生，入职两年。该老师在入职前参加过"意象对话初级班"学习。有一次，该生因违反课堂纪律被任课老师批评，他又哭又喊，恰逢新班主任路过。任课老师返回教室上课，班主任把他带回办公室，冲了杯奶茶，跟他聊天：

"被批评的时候，很不开心，是吧？"孩子点点头。

"听说你钢琴弹得特别好。"孩子又点点头。

"如果你的钢琴会像人一样说话，它最想说什么呀？"

孩子："怪物！我是怪物！"

班主任："哇哦，原来是个怪物呀。那它的生活一定不容易。给我讲讲它的故事，好吗？"

孩子问老师要了一张纸，边画边讲……

后来，班主任约谈家长，重点聊了聊"接纳和认可"，鼓励父母多接纳多认可（备注：怪物意象象征不被接纳和不被认可）。此后，在父母的精诚合作下，孩子的精神面貌越来越好，再也没有出现过大喊大叫和打人的行为。

（3）危机干预。

危机干预不同于一般意义上的心理咨询与心理治疗，更像是特定情境下的"心理急救"——以保护生命为工作目标，而不以追求心灵成长为目标。它需要在较短的时间内化解当事人的心理危机状态，特别是自杀意念、自杀冲动、自杀未遂的危机状态或暴力冲动。

【举例】

2019年春季，我接待了一个在读研究生。

她从高二开始患有中度抑郁症，因担心精神类药物的副作用，服药断断续续。求助前的一个月，她病情突然加重，准备休学，自杀意念愈发强烈，曾两次梦见黑白无常跟她说："去死吧，去死吧……"在同学的陪同下，先后前往北京某三甲医院和北京大学第六医院就诊，均被诊断为重度抑郁症。持续用药一个月后，主治医生建议：继续服药，同时可以接受心理咨询。

我见到她时，她神情恍惚，气若游丝，眼睛里黑洞洞的，仿佛一缕青烟飘荡在半空。她非常缓慢地说："苑老师，我很累，只能在您这儿待一小会儿。"

我说的第一句话是："非常感谢你愿意来见我！你是如此痛苦，甚至痛苦到想要自杀的程度，你却一直坚持着，还愿意听从医生的建议来做心理咨询，请问，你是怎么坚持到现在的？"

她吃惊地看了我一眼，泪水缓缓地流下来……

我问："你最近一次想到的自杀方式是什么？"

她答："跳楼。每次想到的都是跳楼，我觉得只有跳楼才能一了百了。"

我回应："原来是这样，只有跳楼才能一了百了。请闭上眼睛，放慢呼吸，从头到脚都放松下来。想象一下，谁这么想跳楼？这个形象可能是人，也可能是动物。你越放松，就越能看清他的样子——样貌？年龄？表情？身体姿势？看清之后，闭着眼睛，讲给我听……他此刻的心情怎样？……他最想了结的是什么？如果把他想了结的这个东西，变成一个愿望，这个愿望是什么？他想把这个愿望告诉谁？……"

……（略去意象对话的过程和细节）

咨询结束时，她说："我感觉自己收回了半条命！我好像不用休学了。"

两个月之后，这个勇敢、优秀的女孩子顺利通过了研究生毕业论文答辩，获得硕士学位。

就心理危机干预而言，关于本案例中意象对话的部分，针对其自杀意念，我们可以有多种引导。诸如，"他第一次想跳楼是什么时候？当时发生了什么？请他讲讲自己的故事……""如果你的精神世界里住着一个性格坚毅的形象，是他帮助你一次次渡过最艰难、最痛苦的时刻，他是一个怎样的形象？……""哪个子人格舍不得离弃这个世界？"，等等。

我们也可以穿透求助者的消极能量，直指其积极的心理资源："你是那么无助。 可是，我看到，你在表达无助感这件事上，做得很好！ 回观一下，看看刚才是谁在表达无助感？ 他长什么样子？ 多大年龄？ 他的性别可能跟你一样，也可能不一样。 他有什么特点？ ……"

二、建设性表达

建设性表达意味着,让爱融入表达。

为了杜绝破坏性，促动建设性，我们需要恪守**"四不"原则——不评判；不指责(含:不批评、不攻击、不挖苦、不贬低)；不否认；不解释。**也就是说，只谈自己此时此刻/当时当刻的真情实感。

以"我信息"为例。

"我信息"最早由美国心理学家托马斯·戈登博士（T. Gordon）在其所创立的"戈登模式"中提出。"戈登模式"又称教师效能训练模式（Teacher Effectiveness Training, TET）。 该模式深受人本主义哲学的影响，关注学习者的个体性和学生个人的权利，强调学生观点的重要作用（莫雷，2007）。

"我信息"是《P. E. T. 父母效能训练》里的沟通工具之一。 发展至今，它已被广泛用于人际沟通，而不局限于亲子关系了。

"我信息"由三个部分共同构成：一是对不可接纳行为的描述；二是父母的真实感受；三是该行为对父母造成的实际的具体影响。

使用"我信息"进行沟通，既不压抑自己，也不伤害别人。 它将表达的焦点放在表达者自己的身上，不仅可以明确自身的原发情绪/感受，还有助于促进对方的理解，从而有效提高沟通质量。

以下示例是同一情境的两种表达方式。 请仔细体会，A 和 B 两种表达方式带给你的感觉有何不同?

【情境1】

A."你怎么老惹我生气！"

B."我现在有些生气。"

【情境2】

A."你就是这么自私！ 从来都不让我把话说完！"

B."刚才你打断我的时候，我很焦虑。"

很明显，A 的表达中带有更多的评价色彩，批评对方的性格，谴责对方的行为，仿佛有许多抱怨的话还没有说完。并且，在这种泛泛的抱怨和不满中，容易使用概括化或绝对化的词语，诸如，"从来""总是""一直""决不""根本""老""又"……所以，我们不难理解，为什么这种表达方式很容易激起对方的消极情绪，也容易使双方的消极情绪迅速升级、愈演愈烈。

而 B 的表达没有任何评判色彩，更是一种表述——仅仅陈述自己当下的真实感受。特别是在情境 2 中，先不加评判地描述对方的行为，再表述自己的情绪，就使对方非常清楚，是自己的哪一个具体行为影响到了别人的心情，而不是被泛泛地指责。没有评判，就不太容易激惹对方，也比较容易控制住自己的情绪，如此便能有效地避免双方情绪升级。

在此基础上，还可以进行更加完整的表达——就事论事谈愿望。告诉对方，在这件事上，你的愿望是什么。

以上述的情境 2 为例，可以先清晰地表达自己的感受："刚才你打断我的时候，我很焦虑。"然后，告知愿望，"希望以后在我说话的时候，你尽量听我说完。"

如此一来，对方不仅明白了你不开心的具体原因，也清楚地知道了，在这件事上，你希望他以后怎么做。

"我信息"这种表达方式之所以具有建设性，原因在于，它传达给对方的是正能量：我尊重你；我理解你的感受；我相信你的能力；我相信你能为自己的行为负责；我愿意倾听你；我愿意帮助你；我想解决问题；我愿意承担我的责任；我愿意表达我自己……

另外，关于"我信息"，请注意三点：

第一，"我信息"需要学习和经常练习，否则，可能会走入误区。

例如，有些老师在刚开始使用"我信息"时，以为只要是以"我"或者"我觉得"开头就可以了，忍不住对学生说出这样一些话："我都快被你气死了！""你这么做就是偷懒，我感到很难过""我感觉你在撒谎""你这孩子明明就是故意的，我对你很失望"……

这些都不是真正的"我信息"，而是指责、评判、不信任，不但没有建设性，反倒有伤害性和破坏性，甚至直接影响到师生关系和沟通效果。

第二，即使熟练掌握了"我信息"，也不要期待它每一次都立竿见影。

当学生已经习惯了老师以往的表达方式，或者出于当下的自我保护，可能会有意无意地表现出"没听见"/"没反应"/"不适应"等。遇到这种情况，可以尝试再次使用"我信息"。

比如："我正跟你说话，你掉头就走，我感觉被忽视了，心里确实很难受。不过，我能理解。""我想跟你分享我的担心，你不理我，我真的不好受。不过，没关系，你可能也不好受。"

第二次的"我信息"，传达出一个新的信息——"我是认真的"。即使孩子表面上没有什么反应，他/她的心里其实是"听到了"。他/她会知道，老师真的很想跟自己沟通。

第三，学生以"我信息"的方式进行自我防御时，建议老师立即"倾听"。

有时候，老师刚进行了"我信息"的表达，学生会效仿，也"我信息"一番，并以此堵住老师的嘴。例如，老师说："你连续几天没完成作业，这让我很担心。"学生回应道："我妈成天催我写作业，我很烦的，我也想写完啊，可就是写不完啊。希望老师都少留点儿作业。"

这种情况是个好兆头。因为孩子正在真诚表达自己的感受和困扰。老师可以抓住机会，用"非批判""无否认"的态度传达出对学生的接纳，可以直接共情，比如："是啊！写不完作业是挺让人烦的。"也可以用"倾听"的方式进入深一层的了解和沟通。

例如，"听上去，你写不完作业时有些焦虑，这说明你很有上进心。咱俩分析一下，哪些因素影响了你写作业的效率？"

再或者，引入心理教练："在提高写作业效率这件事上，你需要妈妈为你做什么？……需要爸爸为你做什么？……需要我为你做什么？……自己需要做什么？……"

如果你愿意尝试建设性表达，那么，从此时此刻开始，就把那些传达负能量的话语拉入"黑名单"吧：

- **不要那样做！（命令）**
- **你必须按照我说的去做！（命令）**

- 你最好乖乖的，否则你试试看！（警告）

- 你明明知道不应该这么做的呀。（谴责）

- 你怎么这么不听话/不让人省心。（批评）

- 你这孩子太讨厌了。（辱骂）

- 你竟敢怀疑我！你竟敢顶撞我！（消极评判）

- 你以为你是谁啊！（攻击）

- 我瞎了眼了，才嫁给你！（被动攻击）

- 我怎么生了你这么个孩子！真是倒霉透了！（被动攻击）

- 你通常是个好孩子啊。（否认）

- 下次还这样的话，你试试看！（威胁）

- 你信不信，我能死给你看！（威胁）

- 再这么下去，你就废了。（贬低）

- 我这么做是为了你好。（合理化的解释）

三、倾听

就人际交流而言，很多时候，听比说更重要！几乎每一个人都渴望被倾听。被倾听是人们共同的心理需求，而不仅仅是一种交流方式。

教育离不开交流，交流离不开倾听。在交流的过程中，我们不仅是作为言说者以满足自我倾诉的需要，还是倾听者，以倾听来获得言说的基础与尺度（游玉文，2003）。

作为教师，倘若习惯了只是单向地要求学生倾听，便歪曲了"交流"的本意——将双向的能量互动变成了"单行道"；平等对话变成了"提供与接受""命令与服从""安排与执行"；教师一叶障目，失去了了解学生、理解学生、接纳学生、发现真相的机会；学生一目之罗，难以看到权威面具背后的真爱，也可能沦为笼鸟池鱼，失去或放弃表达自我的自由。

有一段著名的小故事：

美国知名主持人林克莱特访问一个小朋友："你长大以后想当什么

呀？"小朋友天真地答道："嗯，我想当飞机驾驶员。"他接着问："如果有一天，你的飞机飞到太平洋上空，所有的引擎都熄火了，你会怎么办啊？"小朋友想了想，说："我会先告诉飞机上的人系好安全带，然后，我先挂上降落伞跳下去。"他注视着孩子，等孩子把话说完。没想到，孩子的眼泪突然夺眶而出："我要去拿燃料。我还要回来的！我还要回来！"

我们为林克莱特感到庆幸，也为这个孩子感到庆幸。他们成就了彼此。

是否允许对方把话说完，是两种截然不同的态度，也是两种风格迥异的修养，自然也会带来不同的结果。

倾听是一个主动引导、积极思考、澄清问题、建立关系、参与帮助的过程。倾听是一种积极的听，认真的听。在这个过程里，既有倾听者的专注，也有倾听者适当的参与。只有被动的倾听才是沉默的，没有回应的。主动的倾听，是试图听懂对方真正要表达的内容，听懂对方的潜台词。

例如，有的孩子会因为某个不合理的要求没有被满足而大声哭闹，理性告诉我们，切不可因心软而改变立场。于是，问题来了：第一，透过哭声，我们听到了什么？第二，怎样把我们倾听到的信息有效地传达给孩子？请设想一下，如果这样处理，效果会怎样？

你走过去，轻柔地说："你是不是很不开心呀？看见你这样，我很心疼。"如果孩子拒绝你的关怀，你就先走开，过一会儿再回来，继续说同样的话。

这么做，只是想让孩子知道：你的要求不合理，我是不会答应的；但是，你的情绪，我可以理解，也愿意分享。慢慢地，孩子的情绪管理模式也会随之改善，他将学会如何用更健康、更有效的方式处理类似问题。

倾听是一种态度，一种与生命沟通的态度。它能为我们创造很多机会：在较短时间内获取较多的有效信息；减少认知偏差；了解对方的心路历程；澄清问题的本质；探索对方言行背后的心理真相；获得对方的合作态度；在沟通中共同面对问题，共同解决问题……

一个有效的倾听，至少包含三个重要方面：

首先，调整身体状态。

倾听时，教师先调整好自己的身体状态，保持放松和专注，让学生感受到"我想听""我在听"。面朝学生，目光专注，眼神平和温暖，尽量排除环境里的噪声（异性师生不适合关门）。 如果学生精神紧张，鼓励其身体放松，坐下来慢慢说，不着急。

其次，尊重学生的表达。

尊重学生的意愿，不强迫他开口说话；多听，少说；鼓励学生用自己的方式表达真实的想法和感受，不急于评判；不随意打断学生说话；不将学生正在表达的话题切换成教师自己感兴趣的话题；询问时，最好一次只问一个问题，以免造成困扰或中断其思考。

最后，适时给予回应。

简要地复述或概括学生所表达的内容，并直接表达对其情绪感受的理解。回应要简洁，语句要精简。 在跟学生对话时（特别是青春期的学生），要是说起来没完没了，似河奔海聚滔滔不绝，完全不顾学生的感受和反应，而陷入自我沉醉的状态，那么，再有道理的话，再好的建议，都容易引发学生心理上的阻抗，沟通效果也会大打折扣。

因此，我们需要在日常生活中加强练习——尽可能用简短的话语，把最核心的意思表达清楚。

1. 倾听有声语言

就倾听有声语言来说，目的不同，做法不同。

如果教师想更多地了解学生，就鼓励他想到哪儿说到哪儿，引导他尽量具体化，这样可以最大限度地了解事实真相及其心理真相，也能够一定程度地避免武断和片面。

如果想深入了解学生的某一具体问题，还有赖于这个学生是否善于表达。有的学生善于言语表达，就某个具体问题，可以讲很多的话，教师只需从中择取相关的信息即可。

可是，有的学生不善言谈，这就需要教师能够运用恰当的提问来搜集有效信息。 提问时，请注意两点：一是语气语调；二是不要过多使用封闭式提问。

过多的"二选一"式提问（如："是"或"不是"，"有"或"没有"，"对"或"不对"等），容易造成学生被动地简单作答，而减少了主动思考。 例："你现在只关心这件事，是吗？""你到底有没有这么想过？ 有还是没有？""你自己说，这么做是对，还是错？""你就打算一直混下去了，是不是？""你觉得自己能不能学好这门课？ 能？ 还是不能？"

面对不善言谈的学生，我们尽可能采用开放式或半开放式的提问。 比如："对于这件事，你是怎么看的？""我相信，你这么做，一定有你的道理，愿意跟我分享一下吗？""讲一讲你小时候的事情，好吗？""关于家里人，哪些事让你印象深刻？""当你看见班里发生这件事的时候，你有什么感觉？"……

无论是怎样的目的，倾听都不是简单地了解"事"，而更关注"情"。 毕竟，决定一个人情感情绪以及行为的，不是"事"，而是"事"背后的信念、态度、想法和解释。

好比说，一个人失恋了，决定他情绪和行为的，不是"失恋"这件事，而是他如何看待"失恋"。 假如他相信爱情值得付出，认为分手是因为彼此不适合，那么，在痛苦一段时间之后，他就能振作起来。 遇到下一段感情时，仍会真诚付出，并且，更加关注彼此是否适合，他就有可能收获真正的幸福。 假如他失恋后再也不相信爱情，认为自己的人生很失败，再也不可能拥有幸福，那么，他重新开始情感生活的勇气就会大大减少，自卑和绝望也很难让他再次全情地投入、真诚地付出，幸福很可能从此远离他。

另外，倾听有声语言的同时，不可忽略其背后的信息——那些没有直接说出来的信息。

当学生说："我不想上学了"，你听到了什么？ 你认为这是他的想法？ 决定？ 抑或是，听到了隐藏在这句话背后的不开心？

我们可否这样回应：

"听上去，你在学校好像挺不开心的。"

"听上去，上学给你带来了困扰。"

"如果上学给你带来了困扰，我可以为你做些什么？"

……

2. 倾听无声语言

无声语言属于非语言信息，常被用来表达或呈现内心的情绪感受。

人与人之间交流时会使用大量的无声语言，而且多为下意识的。 这些下意识的无声信息往往比说出口的话更诚实、更细致、更精深微妙。

例如，当一个人内心紧张或冲突时，会无意识地做出一些微表情或微动作：不停地眨眼、摸脸、挠头、拉耳垂、双手到处摸索、揉搓双手、手指不停地摆弄衣服、膝盖或脚尖有节奏地抖动、双手紧紧地插在衣兜里、没有烟灰却不停地做类似弹烟灰的动作、反复地将盒子开开关关、不停地将纸对折和展开……

要想尽快读懂一个人，走进其内心世界，不得不重视无声语言。有些学生会有自己独特的微表情或微动作（如，一说谎就出汗，一紧张就用手揉鼻子，一生气就抠自己的指甲缝，一难过就用手揪自己的头发，等等）。

表情是情绪的外部表现，包括面部表情、言语表情和身段表情（亦称体态表情或肢体表情）。观察和体会对方的表情，是人际交往和人际沟通的重要工具。

喜、怒、哀、惧是人类的原始情绪。到了婴儿期，情绪表现进一步分化和发展。林传鼎、伊扎德等人的研究都表明，2 岁左右的婴儿已出现各种基本的情绪及其表情（卢乐山，林崇德，王德胜，1995），譬如，形成了人类的 9 种基本情绪：愉快、惊奇、悲伤、愤怒、厌恶、惧怕、兴趣、轻蔑和痛苦。

（1）面部表情

面部表情最细微精确，也最真实可靠。

面部表情所传递的情绪感受，常常决定着人际沟通的进程和方向。例如，学生一进办公室就眉头紧蹙，低头不语，时不时地搓手或咬嘴唇，这表明他/她正处于焦虑的状态，甚至心里憋着一些话，有些犹豫不决，不知该不该说出来。

眼神是我们可以赖以信任的心灵之窗。芬兰的心理学家曾经做过一个实验，由专业演员表演各种情绪，拍成照片，然后把这些照片横着裁成细条，只挑出双眼部位拿给人们去辨认。结果，回答出准确情绪的概率竟然非常之高。

因此，在师生交流的过程中，老师与学生是否进行目光接触、接触的频率、持续时间的长短、什么时候接触、什么时候不接触，都携带着特殊的意义和信息。比如，学生说话时很少看老师的眼睛，甚至回避目光对视，这就是人际沟通有障碍的表现，并且，这样的学生比较自卑，自尊水平比较低；或者，羞于谈论当下的话题；或者，心里压抑着不满或愤怒，当下不愿或不敢表露。

同时，老师还要关注学生对自己的反应。当老师说话时，学生的眼神里有可能透露出疑惑、惊奇、委屈、伤心、害怕、开心等不同的色彩。 最重要的是，通过观察学生眼神里的反应，可以迅速知道他/她对哪些话题更关注、更有感觉、更多唤起了内心的反应。

嘴部有其特殊性。 许多无声语言与面部整体的神经、肌肉活动有关，而嘴部的细微动作可以直接传达出当事人的内心活动，如微笑、不屑、不满、委屈、思索、下定决心等。

（2）言语表情

音质、音量、语调、语速、语音的节奏等，都能够传达出复杂细微的感情。在这些声音特征中，音质是相对稳定的，其他特征则可以变化万千。

例如：单调的声音代表厌倦；音量较低、语速缓慢代表沮丧；逐渐升高音调，往往是因为震惊；言辞简练而声音很大，意味着说话者生气了；声调高并且嘈杂，则传达着不信任……

有时候，学生说着说着突然停顿了，这种"休止符"非常有意义。

难以继续的停顿，很可能是因为他/她此时此刻正在努力克制某种激动的心情，如愤怒、悲伤、委屈、愧疚等。 此时，老师最好暂时收回原本想说的话，而立即去关心学生的心情。 可以用沉默表示接纳和等待，也可以直接鼓励："有什么不舒服就说出来吧""看上去，你现在挺难过的，想哭就哭吧，没关系。"

如果是有意识的、理智的停顿，表明学生希望自己所谈论的话题能够引起老师的注意，或是希望看到针对当下这个话题，老师是什么反应。 这时，比较妥当的做法是，老师真诚地表达自己的想法。

（3）身段表情

说话时的手势、四肢和身体的姿势及其变化，都在交流过程中发挥着不小的作用。 在相同的文化背景下，人们的肢体动作所传达的内心感受颇为相似。

以我们中国人常见的一些手势为例：

- 手呈荷包状或拇指碰食指：精细、准确。
- 空拿："差那么一点儿。"
- 手刹：攻击性，希望得到强制性结论。
- 手剪：强烈拒绝，否定。

- 手戳：针对听者的攻击性。

- 食指向上：威胁，颇具敌意。

- 双手掌心向上：哀求。

- 双手掌心向下：安抚；压制。

- 双手掌心向前：拒绝；抗拒。

- 双手掌心向内：包容；考虑。

- 双手掌心相对：渴求建立联系，探触对方的思想。

鼓励教师观察这些无声信息，真正的目的在于积累经验，更迅捷地共情到学生的心理状态，促进高效沟通，推动师生关系建设。

3. 倾听学生的梦

朱建军教授在《释梦：理论与实践》一书中讲道："在我们心灵深处，的确有个原始的部分存在，如同一个原始人。他不懂得现代人的逻辑和语言，他的语言是形象化、象征性的语言。梦就是他的语言。我把梦比作'原始人来信'。"这样的来信，其意义不言而喻。

现代梦科学认为，梦是睡觉时潜意识心理活动的产物（朱建军，2007）。梦是一种自发的心理过程，它通过意象符号的象征意义来表达潜意识的心理活动。

当一个人讲述自己的梦境时，就是在分享自己潜意识世界的各种故事，分享自己尚未觉知的喜怒哀愁惧，分享自己尚未觉知的内在需要……如果教师愿意适时启动这种分享，愿意分享这种分享，甚至有能力通过解读梦的心理意义来助力学生成长，那么，"教师"这个角色就被注入了新的魅力与趣味。

（1）倾听学生讲梦之益处。

在学会科学释梦之前，愿意倾听学生讲梦，至少具有以下益处。

第一，激发学生兴趣，提高合作意愿。

在学生的常态印象里，师生之间的课余谈话内容，大多是学习、纪律、校园表现（人际交往、集体活动、宿舍生活等）、过错行为等，大学老师（辅导员、班主任和导师）还会谈及生涯规划、异性交往、情绪调整、科研活动等话题。学生很难想到，老师会和自己谈"梦"。所以，当老师主动提及"梦"这个话题的时候，很容易引起学生的交流兴趣；在被倾听的过程中，学生切身感受到被关注、被接纳和被尊重，从而提高与老师合作的意愿。合作离不开倾听与表达（朱欣，2016）。

第二，增加学生对老师的尊重和信任。

有研究者发现，实施倾听教育，可以获得学生的尊重和信任，与学生共同确立话语的平等与真实（颜敏，2011）。在老师面前，特别是在单独对话的情境下，学生容易产生被审视、被评价的感觉，由此带来或有意或无意的阻抗心理。倾听学生讲梦，则能够有效回避某些敏感话题或易引起学生不适感的话题（如：异性交往、性心理困扰、表现较差等）。当学生发现，老师只是在认真地听自己讲梦，没有打断，没有审视，也没有评价时，自然会放下戒备，不再阻抗（至少会有所松懈）。

第三，增加理解学生的机会。

在"听"梦的过程中，更多关注学生的感觉，鼓励学生借助讲梦而讲感觉，老师也真诚地分享当下的感觉或直觉，这个生动的沟通过程本身就具有建设性。有的学生天生内向，有的学生不善言语表达，有的学生习惯了不被众人喜欢的生活境遇，有的学生习惯了"疏离"/"压抑"/"战斗"的自我保护方式……要是有一位老师，不因他的任何行为做出任何评价，而是愿意听他讲讲自己的梦，老师一边关心他的感受（梦里/讲梦），一边真诚分享听梦的感受，无论这位老师是否共情到自己，他都会觉得老师在很努力地"理解"自己。这种努力是温暖的。

第四，增加洞察学生深层心理的机会。梦如内心独白，潜藏着丰富、细腻的意念、情感、情绪、欲求、冲动、需要等。无论是学生讲梦，还是老师听梦，都为师生双方提供了更多探索学生深层自我的信息。

（2）略懂科学释梦之一二。

解梦是科学，需要系统学习和长期练习，需要掌握一些基本的心理动力学知识和科学释梦的基本方法。

首先，关于讲梦。

为了尽可能确保梦境信息的可靠性，可以鼓励学生尽量讲这样几种梦：一是最近做的梦，包括谈话当天的；二是多次重复的梦；三是连续剧式的梦；

四是印象深刻的噩梦（亦称恶梦，以释放恐惧情绪为常见。儿童分不清客观现实与内心想象，比成年人更容易做噩梦；青少年做噩梦，往往是试图努力摆脱父母的束缚而活出自我/获得独立的一种表现）。

就梦境本身而言，不必全部记得，或全部讲出来，只记得/只讲其中的某个部分/片段就好。因为同一个晚上的梦，一般是同一个主题。无论是梦的全部，还是部分，都在呈现同一个主题。

其次，释梦是有道德操守的，要出于善意而释梦。

释梦者不对梦里的任何内容进行道德评判，不把梦当作客观事实证据，释梦时考虑梦者所处的环境与承受能力。

再者，只有联系梦的上下文，才能比较准确地判断梦的主题及其具体含义。

切忌，仅凭梦里某个单一的意象，对整体梦境进行机械的解读。例如，同样是梦见发大水，针对不同年龄、不同性别的梦者，以及梦里发大水的不同情境和不同结果，解释出来的内容通常是不同的，甚至差异很大：可能代表某种消极情绪的爆发，可能象征某种新的生命能量的产生，也可能是个性梦，还可能具有其他并不常见的含义。

另外，梦里的一切都是梦者本人。

释梦者不可将梦境里的人物与现实简单对应。任何人物，一旦走入梦者的梦境，就会被打上梦者的烙印，成为梦者潜意识里的某个人物意象，而不再是现实世界里的那个人，仅是用这个人的形象代表梦者的某个心理部分。通常，梦境里的人物意象可以代表梦者不同的心理内容，如：人格特点、情感情绪、冲动欲念、精神需要、心理问题……

举个例子：

梦者梦见自己的妈妈，"妈妈"成为"妈妈意象"，代表梦者潜意识里的妈妈，并不机械对应着客观现实里梦者的妈妈；"妈妈意象"成为象征性的符号，或者说，梦里的"妈妈"形象是一种象征；"妈妈意象"裹挟着梦者在此梦中所要表达的某个具体的心理内容；梦里的"妈妈"之所以可以象征梦者的某个具体的心理内容，是因为客观现实里的"妈妈"跟梦者潜意识里这个具体的心理内容，具有一定的相似性。

比如，现实生活中，梦者的妈妈是一位容易焦虑的女性。梦者受到妈妈的影响，也容易感到焦虑。每每想到"妈妈"时，梦者的心里就会泛起焦虑的感觉。在梦者的潜意识里，"妈妈"仿佛是"焦虑"的代言人。于是，在某些梦里，梦者会用"妈妈"这个形象（即"妈妈意象"）来代表自己的焦虑心情。

最后，释梦的基本方法如下：感受梦的整体氛围和情绪基调；确定梦的主题；关注最被触动的情景或意象；关注梦里反复出现的情节，寻找规律；观察梦者讲梦时的状态；不断提升共情能力，尊重对梦的直觉。

教师不是专业的心理咨询师，也不需要具备精湛的释梦实践力，只要能够读懂一个梦的基本主题，关注梦者在梦里体验到的主要情绪感受，并真诚地表达共情、理解和接纳（当学生讲完一个梦之后，教师若是没什么感觉，或者发现一时间共情不到对方，可以主动询问："你在梦里，或者梦醒的时候，你是什么感觉？"），就足以促进与学生之间的有效沟通了。所以，各位教师不必纠结于千变万化的梦境，也不必纠结于梦里每个意象的心理象征意义，把"倾听梦"当作一种新的沟通路径就好，重点在"倾听"上。

接下来，简单梳理一下人类常见的梦主题，仅供参考。

A. 被追赶

被追赶是人类常见的梦主题之一，我们每个人一生当中大概都会梦见被追赶。这个主题的梦，主要是为了释放恐惧情绪。

因为害怕而逃跑是人类最深处的本能反应。要想了解梦者在潜意识里害怕的到底是什么，就需要鼓励梦者胆子大一点儿，尝试着体会一下，或者联想一下：梦里谁在追？如果是一个人在追，那是一个怎样的人/有什么特点？如果追赶者是现实生活中的某个人，这个人的什么方面会让梦者感到害怕？如果是动物，那是什么动物？如果不是人/动物，而是什么奇怪的东西，它长什么样子？有什么特点？

梦里的追赶者常常象征梦者自己内心的某个部分，如良心、正义、价值观、回忆、忧虑、痛苦等。无论梦里的追赶者是怎样的形象或特点，教师都可以告诉学生：梦见被追赶，往往是因为内心有冲突（如：梦见被狗追，相当于被自己的良知、正义、道德感所追赶），这种冲突带来了恐惧情绪，所以，在梦里释放一下恐惧情绪是件好事；如果能够勇敢面对自己的恐惧情绪，以及引起恐惧情绪的事物，对自己的身心健康就更有帮助了。

被追赶的梦的结局，往往象征梦者解决内心冲突的策略。 教师也可以就此与学生展开交流。 常见的结局及其象征意义如下：

一是被追赶者（无论是否为梦者本人）被咬/被抓/被杀，象征梦者平日里善于压抑自己的本能；

二是被追赶者装死或藏起来，象征梦者有时会用自欺欺人的方式掩饰自己；

三是被追赶者与追赶者正面搏斗，象征梦者的理性力量比较强大，善于用理性压抑自己的真实想法和恐惧情绪，而且这种压抑日久年深。 这种情况所反映出来的压抑程度比第一种结局的压抑程度更重一些。

显而易见，以上三种策略都不是健康的应对方式。 最健康的策略是追赶者与被追赶者握手言和。 但是，对于尚未系统学习科学释梦的教师而言，引导学生带着觉察让二者在意象里"握手言和"，是一件比较困难的事情。 如果操作不当，反而可能唤起不必要的新的恐惧，或者，可能只是短暂的、表面的"握手言和"，实为更大的回避和压抑。

因此，为了确保师生二人不冒险，却又能借助被追赶的梦境提高学生的心理健康水平，教师不必追求"握手言和"的结局，可以尝试着鼓励学生感受一下：

"追赶者使劲追你，其实只是想跟你说句话。如果你不再逃跑，勇敢地停下来，听他说出这句话，他就不需要追你了。你现在放慢呼吸，静静心，仔细体会一下，他想说什么？"

假如学生表示仍然很害怕，教师可以支持一下学生：

"是的，是挺害怕的。不过，这只是个想象，我会在精神层面陪着你。你可以尝试带着害怕的感觉去体会一下。如果实在做不到，也没关系，我能理解。"

这么做的好处是，不管学生是否能够顺利完成这个想象练习，教师都适时表达了支持、陪伴、鼓励与理解，而在学生面对恐惧情绪时，教师的支持、陪伴、鼓励与理解，本身就具有心理疗愈意义。

B. 考试

"考试"是释放梦者焦虑或紧张情绪的常见主题。 当人面临被考验、被考查、被审视、被评价之类的情境时，若产生压力感，就可能引发焦虑或紧张情绪。 当时若没有觉知，或觉知到了，却未及时化解，就需要"另辟蹊径"加以释放。 做"考试"主题的梦，恰好能够起到在潜意识里释放焦虑/紧张情绪的作用。 所以，不仅学生会梦见考试，在现实生活中不再经历任何考试（包括类似于考试的情境，如：应聘、参评、参赛、路演、相亲、讲公开课、竞聘演说等）的成年人，也会梦见考试。

梦见"考试"主题，有必要了解一下，梦者在近期是否参加考试或面临类似考试的事情。

要是梦者在近期的现实生活中确实面临考试或类似考试的事情，此梦多是为了自我安慰，或释放与此相关的焦虑、担心、紧张等消极情绪。 比如，在梦里找不到考场；进了考场，找不到自己的座位，或压根没有空座位；看不清试卷；还没来得及作答，交卷铃就响了；再次参加高考，明明考数学，拿到的却是英语卷子；考英语听力，自己的耳机坏掉了，根本听不清题目；答卷时，自己的笔出了问题，怎么都写不出来……

要是梦者在现实生活中没有考试或类似考试的事情，"考试梦"则多是在表达面临某种"考验"的心情，提醒相关事宜，或者提示相关处境。 如：在梦里忘带身份证，忘带简历，走错考场，记错考试时间……

C. 迟到/误车/误船/误飞机

这个主题的梦通常表达三种意义。 一般情况下，关注具体梦境的上下文，基本能够做出比较准确的分析。

第一，没有赶上机会，或者，担心错过某个机会。 在梦里没有赶上车/船/飞机，或者，车/船/飞机到达时，别人都上去了，自己没上去，往往象征梦者没有赶上某个机会，或担心错过某个机会。

若想帮助学生弄清楚，梦里所提示的"机会"具体指什么，教师可以问学生："在现实生活中，有什么事很像梦里的这种情况？"

荣格认为，受到百般阻挠而最终迟到的梦，与现实中人们对某事感到焦虑的情况很相似。 从这个角度来说，无论是搭车搭船迟到，还是上学迟到、约会迟到、上班迟到，只要是在时间上来不及的梦，都可以视为对于不能顺利进行的事情感到焦虑。

第二，对一件事情的态度相互矛盾。 在梦里，赶上了车/船/飞机，但发现坐错了方向，或是坐反了方向。 这往往反映出生活中的相似情况，如：上错了学校，选错了专业等。

第三，只是代表一种迟到。 这种情况下的"迟到"，可以意味着梦者在当前人生阶段本应该进行的某种事情、心理发展或自我成长已被拖延。

举个例子：

某小学生梦见自己去电影院看一部十分喜欢的动漫电影，结果迟到了。片头已经演完。进入放映厅之后，里面黑乎乎的，手里拿着票，怎么也找不到自己的座位，一着急就醒了。

听他讲完这个梦之后，我说："找不到自己的座位确实挺让人着急的。"随即，问他："你最喜欢上星期几的课?"他说："星期一。星期一第2节课是语文课，我最喜欢语文老师了。"我又问："星期一第1节课是什么?"他一缩脖子，吐了吐舌头："嘿嘿，数学课……我害怕上数学课。"

有趣的是，这个孩子在现实生活中，确实不止一次在星期一的早上迟到。原来，他有时会下意识地用"迟到"来回避上数学课的痛苦，但真错过数学课这一"片头"时，心里又很着急。对于这个孩子来说，什么时候不再害怕上数学课了，星期一早上也就不再容易迟到了，此梦自会终止。

通过听梦和简单的询问，我们可以了解到，这个孩子真正需要解决的是"害怕上数学课"的问题。

D. 飞翔

"飞翔"主题的梦，基调很重要。 不同基调的飞翔梦，往往有不同的含义。

青少年比较容易做飞翔的梦。 主要是因为他们的身体处于快速成长期，心智发展也比较快，容易感觉到自己的各种能力正迅速提高。同时，内在需求日益丰富细腻，情绪体验也容易起伏波动。

"飞翔"主题的梦，常见含义有：

第一，快乐；自由；自信。梦的基调轻松、愉悦。

第二，好高骛远，回避现实/困难。梦的基调偏紧张、焦虑。

第三，"曲高和寡"的孤独。梦的基调偏孤独感。

第四，性梦。需要注意的是，凡是性梦（性梦不只用"飞翔"主题来表达），不管是释放性快乐的梦，还是象征性心理不健康的梦，梦里一定存在多个"性"的象征物，譬如：水（尤其是不干净不清澈的水）、树枝、木棍、稻草、长柄伞、蛇、鸟、老鼠等。

E. 裸体

常见意义如下：

其一，现实警告：出门前的准备充分吗？

其二，象征"坦诚相见"率性自然的性格特点，或渴望真诚、坦率、不欺骗。

其三，害怕"被人看穿"。梦里往往有恐惧感/紧张感/局促不安。

其四，表达某种性态度。如：坦然接受，或为之窘迫。

其五，性欲望在梦里获得满足。梦中往往有异性以及生理上的性冲动。为了避免尴尬，也为了保护学生的个人隐私，教师若遇到这样的裸体梦，最好语气自然地回应："这个梦挺好的。你的身心发育都很健康。"青少年做这样的梦很正常，也并不少见，只是一种满足欲望的梦而已，所以，无须多做解释。对此，教师回应的态度是否大方、自然、健康，更为重要。

F. 掉牙

解析"掉牙"主题的梦境时，需关注梦境的上下文及其整体感受。"掉牙"所隐含的象征意义比较丰富，常见含义有：

第一，现实中牙齿轻微松动。若梦见牙齿松动或掉落，首先要关注梦者的牙齿是否确实存在问题。有时，牙齿已经出现轻微的问题，但白天没有注意到，潜意识会借助梦境进行自我提醒。

第二，现实中某位亲人有生命危险。 牙齿是高度钙化的骨骼组织，是人体最硬的器官。 梦见牙齿掉落，特别是梦中有恐惧感或哀伤感，往往代表"骨肉分离"，象征梦者的某位亲人有生命危险。

如果梦里掉的是假牙，同时伴有恐惧感或哀伤感，可能意味着梦者非常关心的某个人（不是现实层面的亲人）有生命危险。

第三，象征"没面子""丢人""破坏了自我形象"。 如果梦境强调牙齿（特别是门牙）掉落带来"不好意思"/"羞愧"/"羞耻"/"尴尬"之类的感觉，往往是这个含义。 道理很简单，在现实生活中，掉牙（特别是门牙）会影响面部形象，影响颜值。

第四，象征忍耐。 正如俗语所说，"打落牙齿肚里吞"。

第五，梦境强调"口无遮拦"，提醒自己说话要谨慎。

第六，象征担心失去决断力。 尤其，梦里强调掉的是后槽牙。

第七，西格蒙特·弗洛伊德认为，有时男孩子梦见掉牙，是因为潜意识里害怕父亲，甚至对父亲怀有敌意。

第八，掉牙还可以表达两种截然相反的感受：一种是"成长的喜悦"，另一种是"衰老的悲哀"。 两种梦境的基调完全不同，前者喜悦，后者悲哀。 这两种感受常常与梦者的生理年龄无关，强调的是心理层面的成长或衰老。

G. 打仗/战斗/战争

梦见搏斗、打仗、战斗或战争，大多伴随着紧张焦虑的情绪。 这些行为的核心只有一个，就是战斗。 所以，也可以将这类梦境的主题简单概括为"战斗"。

"战斗"主题的梦，可以象征竞争，象征反抗，也可以象征克服困难等。梦中的"敌方"，往往是梦者内心不敢面对或不愿接纳的某些东西，诸如：自卑感、卑懦感、弱小感、屈辱感、挫败感等消极感受；某个不愿承认的想法/冲动；想要压抑下去的某个情绪/需求……

面对"战斗"主题的梦境，最健康的解决策略是"化敌为友"。

在具体的操作方面，可参照"被追赶"主题的相关阐述。 再次强调，教师不必追求"化敌为友"的结局；认真听梦，关注学生的内在感受；表达共情，提供支持、陪伴、鼓励与理解更为重要。

另外，有一种相似的梦境也比较常见：梦者只梦见了战场，并未梦见具体的敌对双方或战斗的画面。梦中的"战场"，往往象征梦者内心世界里不同区域之间的冲突（如：理性与感性、本能与理智、欲望与道德规范等），有时也会象征梦者与客观现实生活中的某个矛盾。

H. 被监禁/囚禁

假如是小偷之类的人梦见被监禁或被囚禁，象征梦者害怕被抓住。

假如梦者是守法公民，梦见被监禁或被囚禁，则有两个常见的象征意义：一是害怕失去自由，害怕心灵被禁锢（如某成年人在结婚前梦见自己被逮捕，法官宣布"判处无期徒刑"）；二是被某种情绪或某种环境所困住（如：某学生梦见自己被关在学校语音教室的地下室里，其实是因为梦者在现实层面被英语老师批评，害怕再上英语课）。

梦中被监禁或被囚禁的场所，有很多样式。监狱是最典型的样式，其他还有逃生密室、地下室、地道、水牢、笼子、枯井、黑房子/黑屋子等。

当梦者在现实生活中遇到某种困扰而无从解决时，容易产生"被困住"的感觉，于是，容易梦见被监禁或被囚禁这个主题。所以，教师在倾听学生讲这个主题的梦的过程中，需要先了解一下梦者在现实层面被什么问题困住了，然后因势利导，指导或协助学生解决那个现实层面的问题，便能有效化解其"被困住"的感觉。现实层面的问题得以解决，"被困住"的感觉得以化解，这个主题的梦也就被破解了。

四、核对

最让人烦恼的不良情绪常常发生在人与人的互动关系当中，而很多时候，我们之所以不开心，是由于我们根本没有弄懂对方的意思，甚至没有兴趣和耐心去试图了解对方真正的意思。为此，我们需要学会如何真正明白对方的意思。有一个办法很简单，就是"核对"。

国际著名心理治疗师维吉尼亚·萨提亚是家庭治疗的创始人。她教给众人如何更好地照顾自己，以发展出健康的家庭生活，如何进行清晰的、坦诚的沟通，如何面对人与人的不同。

她在《新家庭如何塑造人》一书中谈道：

如果你不想听或是没法集中注意力，那么，也不要装出正在听的样子，就坦诚地说："我现在没法集中精神。"这样的话，你会少犯错误。这对任何交流都适用，对大人与孩子之间的交流将更适用。要想能够顺利地听完对方的话，需要做到以下几点：

(1)听者必须集中精神，投入全部精力。

(2)听者不对说话人将要说的话做任何的猜测。

(3)听者要描述性地说明自己听到的，而不能妄加判断。

(4)对有疑义的地方，听者应该能觉察出来，并及时提问，将问题澄清。

(5)听者应该要让对方知道他在倾听，而且明白对方所讲的意思。

萨提亚主张，通过核对，实现良好的沟通。

简单说来，核对就是核实并确认。教师可以在与家人、领导、同事、学生、家长等人的沟通当中，有意识地使用核对技术，以提高沟通效率。还可以把这个技术教给学生们，提高他们的沟通能力。

在实际生活中，我们保持"核对"意识，针对对方讲的一句话，或针对某件具体的事情，跟对方核对一次并取得确认，基本可以达到效果。

为了能够在现实生活中熟练使用"核对"技术，我们可以在练习阶段多核对几次，以尽快内化为自己的沟通技能。

【"核对"练习】

2人/组，进行一对一的练习。

步骤一：A对B说一句话。（不必刻意准备，随便说一句话即可）

步骤二：B对A说："你的意思是……?"A只回答："是"或"不是"（也可以变式为不说话，只做"点头"或"摇头"的动作。）

步骤三：当B总共得到A的3个"是"（或3次点头）之后，B做总结性确认，问："你真正的意思是……?"A 做出最后的回应，表示确认。

完成以上三个步骤，第一轮练习结束。

然后，A 和 B 交换角色：B 对 A 说一句话，A 进行核对。

【示例1】(核对3次)

A：你今天穿裙子了。

B：你的意思是我穿裙子好看?

A：是的。

B：你的意思是我不穿裙子的时候不好看?

A：不是的。

B：你的意思是我穿裙子更好看?

A：是的。

B：你的意思是你喜欢我穿裙子?

A：是的。

B：你的意思是我穿不穿裙子都好看，但穿裙子更好看，而且你喜欢我穿裙子，是这样吗?（总结性确认）

A：是的。（总结性回应）

【示例2】(核对1次)

教师：你怎么没交作业?

学生：我没写完。

教师：你的意思是没写完就不用交了?

学生：不是。

教师：你的意思是你写完之后会交给我的?

学生：是的。

【示例3】(核对1次)

家长：老师，我最近工作特别忙，实在没时间管孩子。

教师：您的意思是，工作比孩子重要?

家长：不是的。

教师：您的意思是，只能由他妈妈管他了？

家长：其实他妈妈也挺忙的。我最近老出差，经常不在家，真抽不出时间来管孩子。

教师：您的意思是，在您特别忙的这段时间里，希望我能多理解您，也多照顾一下您的孩子，是这样吗？

家长：是的。谢谢啊！让您费心了！

五、情绪标定

情绪标定是指用语言对情绪体验进行识别与命名。

在心理临床领域，这个技术的作用，是在于帮助来访者清楚地了解自己的情绪体验，使来访者能够比较自己不同时期的情绪感受，从而让来访者有能力有意识地管理自己的情绪感受，并通过探索自己情绪感受的变化规律而建构较为稳定的自我结构。

这个技术也可以被视为一种教育。通过这种教育，使来访者掌握情绪感受的具体分类，提高其感受力和表达力，促进其人格成熟。

在教育领域和家庭生活领域，情绪标定同样适用。

情绪标定的基本原理是命名——对情绪体验进行基本的符号化。当一个人的情绪感受被准确标定的那一刻，会产生一种被理解的感觉，会觉得对方"懂"自己，同时，正在体验的那个情绪感受会得到一定程度的缓解。换言之，情绪标定本身具有一定的心理疗愈意义。即使对方所使用的某个具体的词语与自己的内心体验略有差异，依然能感受到对方的善意，会认为对方"至少是一个愿意理解我"的人。

通过标定，我们最终会建立起一个对情绪情感进行分类的语言体系。这样的语言体系能让我们识别、比较、管理自己的情绪情感，也能让我们对自己的情绪情感特点及变化规律有一个明确的认识，而这个认识是自我认知中必不可少的组成部分。因此，这个认识的建立，对建构自我具有重要作用。

情绪标定的适用人群：儿童；青少年；想要提高感受力和表达力的成年人；临床上最适合的是带有边缘性人格特质的来访者。

（备注：带有边缘性人格特质的来访者往往缺乏清晰、完整、坚实的人格边界，此技术可以有效完善其人格边界，从而逐渐建构起更稳定的人格结构。带有边缘性特质的来访者过去习惯于用意象、比喻或其他方式去更完美、更细腻地表达情绪，在专业人士一次次耐心的引导和陪伴下，他们会逐渐认可这种看似不完美的标定，逐渐建立起对各种情绪感受的分类，从而更稳定地认识情绪感受。）

情绪标定的操作方式：当对方表现出某种情绪感受的时候，我们尽可能用精准的语言（往往是词语）告诉他这种情绪或感受的名称。例如：

"看得出来，你现在很懊恼。"

"你看上去很失望。"

"从你的声音里，我听到一种悲愤的感觉。"

"如果我是你，可能会有一种丧失感。"

"你现在是不是有一种被剥夺感？"

"你似乎有一种不确定感，而这个不确定感让你很焦虑。"

"当你说讨厌爸爸妈妈的时候，其实心里挺难过的，是这样吗？"

"当你认为自己没有得到支持时，觉得有些沮丧，是这样吗？"

……………

对于儿童和青少年，我们需要在一段时间内持续地进行情绪标定。每当对方出现某类情绪的时候都进行标定，直到我们觉察到他们自己有能力对这类情绪进行识别、分类和命名为止。

儿童和青少年在被反复标定情绪感受的过程中，不但有机会反复体验到"被理解"，还能不断累积用来形容心情感受的词汇，甚至举一反三，在人际交往和沟通的过程中，也能更多使用正确的词汇来表达自己的心情感受，也主动标定他人的情绪体验。当他们能够做到主动标定他人情绪体验的时候，就意味着完成了从"渴望被理解"到"感觉到被理解"再到"理解他人"的转化。

严格地讲，用一个简单的词语来标定具有多个复杂层面的情绪，不可能做到完美；甚至，我们每一次的情绪感受，都可能和另一次略有不同。因此，标定归根结底是一种分类而已。

　　假如没有这种分类，我们无法把不同时间发生的情绪体验进行比较，也无法更好地管理自己的情绪，难以建立起对自我的稳定的认知。 在这个意义上，人只有接受不完美、但有用的分类，心理分化功能才能更加完善，才能建构起功能有效的、稳定的自我。 故而，接受情绪标定的过程，实质上，是接受人生必要的不完美的过程。

　　大量的教育实践和临床实践结果表明，只要我们有意识地运用情绪标定技术，大多数人都会在几个月之后发生明显的进步，对其自我建构也会产生积极的影响。

第七章
问题解决能力

问题本身不是问题，如何应对才是问题。

问题解决能力（psychological capability for problem-solving）是指能够准确把握事物发生问题的关系，利用有效资源，提出解决问题的意见或方案，并付诸实施，进行调整和改进，使问题得到解决的能力（大前研一，斋藤显一，2010）。

从心理教育的角度来看，我们在处理与学生相关的问题时，首先要考虑的不是贴标签，而是：*真正的问题是什么？隐藏在这个问题背后的心理叙事是什么？在读懂/疗愈心理叙事以及解决现实问题这两个方面，我可以做些什么？*

为了将上述问题梳理清楚，并做出决断，心理学、教育学、管理学等多个学科丰富的研究成果，都可以用来借鉴。

一、SODAS 问题解决法

SODAS 是五个英文字母，依次代表解决问题的 5 个步骤：停止、选择、决定、行动、自我表扬。 在健康心理学领域，它被视为积极应对压力的方法。

S（Stop）：停下来确定问题；问题表现并非问题本身，所以确定问题很重要，对于"解决"具有方向性的指导意义。

O（Choice）：列出所有解决此问题的选择。

D（Decide）：决定哪个选择是最好的。

A（Action）：计划、行动；针对上一步的选择，制订可行性计划，并付诸行动。

S（Self-praise）：用自我表扬的方式对解决问题给予鼓励。

二、PSA 问题解决法

PSA（Problem Solving Approach）问题解决法被广泛用于职场。

在职场上，强调高层负责从战略到执行（为什么）——做正确的事，中层负责从目标到结果（怎么做）——正确地做事，基层负责从结果到价值（做什么）——把事做正确。

1. PSA 的三个原则

原则 1：在认知上，相信所有的问题都有解决的方法。 不挑战是解决不了问题的。

原则 2：经常考虑"是什么？ 如果……"

原则 3：不要混淆原因和现象。

2. PSA 的三个操作步骤

步骤 1：问够 100 个问题，问题的原因自会显现；用"尽可能穷尽"的思维方式来确定真正的问题到底是什么，其原因是什么；

步骤 2：看到问题的本质，建立假设；可以使用试错法；

步骤 3：收集能够证明假设的数据或证据，并加以证实；探索原因的深度不同，看到的问题也不同，如果不针对深层次的原因进行改善，是没有意义的。

3. 如何成为问题解决者？

第一，理解问题的全局；

第二，理解自己所处的环境；

第三，有效收集相关信息；

第四，把相关数据图表化，以加深对问题的理解；

第五，熟练使用框架（fram work）分析问题；使用框架整理信息，掌握"什么是要点"的思维方式。

PSA 问题解决法，包括以上五个方面的具体操作，未必完全适合所有的教师，但我们可以从中获得启发。

三、赞美式问题解决法

教育界流行一句话，"好孩子是夸出来的"。 事实上，好父母、好老师、好员工……都是夸出来的。 夸，就是赞美、表扬、称赞、肯定、认可。 从心理需要的角度来讲，我们每个人都需要被赞美、被肯定、被认可。

心理学研究发现，赞美是有讲究的。

焦点解决短程治疗（Solution-Focused Brief Therapy，SFBT）在赞美方面做

了细致的研究和优秀的示范。 我们可以尝试着把这些宝贵的经验带入校园。

1. 赞美是有原则的。

赞美是一种真诚的态度，而非技巧，更非御人之术。

对于学生而言，老师的赞美尤为重要。 真正健康有效的赞美，是老师确实发现了学生身上点点滴滴的优点和进步，发自内心地去赞美。 这样的赞美有助于学生接纳自我和相信自我，有助于学生主动解决自己的问题，或者向良好的方向去发展，并非为了"哄"他们开心，"让"他们听自己的话（此情境下的"哄"为讨好，"让"为控制，并无建设性）。

（1）赞美要以现实为基础。

老师实事求是地夸学生，有针对性，不虚无，也不浮夸。

举一个反例：

学生画画得了奖，老师说："哇！你画画实在是太棒了！你是全世界画画最棒的人！"尽管在短时间内，学生受到鼓舞，甚至有了自信，但他可能因此变得自以为是。时间久了，他就能够判断出来，老师是在敷衍自己，其实自己没那么棒。一旦遭遇较大挫折，学生很容易产生挫败感、自卑感或被欺骗的感觉，甚至会认为自己"画得很烂"。

举一个正例：

学生平常不迟到，不早退，上课认真听讲，按时完成作业，最近的一次考试没有考好。老师说："虽然你这次的考试成绩不理想，但是老师知道，你一直在努力，因为你不迟到，不早退，上课认真听讲，按时完成作业，考试的时候也是认真答卷。"学生自知没有考好，心里难免紧张或自责。可是，在这种情况下，不但没有被老师批评，反而听到诚恳的赞美之词，这对他来说，无异于收到一份"小惊喜"，内心难免不被触动。同时，他听到老师非但没有因为一次的考试不利而否定自己，还真诚地肯定了自己的学习态度。这种认可和鼓励会使他自觉自愿地继续保持这种学习态度，而这显然是有利于学习进步的。

由此，学生从老师的赞美中看到了自己的闪光点，不仅奠定了自信心，还能够形成正向的自我价值感。

（2）赞美有底线——符合道德、法律和心理健康标准。

这一点很容易理解。我们当然不能因学生做了错事而夸学生。老师真诚地赞美学生，不是玩心理游戏，而是为了强化其积极品质，并指导学生逐渐学会运用自身的积极品质去解决各种问题、化解各种困难，从而成为更好的自己。为此，赞美必然有底线！

（3）赞美，非期待。

很多时候，我们在赞赏别人的同时是不加区分的，连同"期待"一并送出。譬如："你唱歌真好！将来肯定能成为著名歌手！""你洗碗洗得真干净！以后家里的碗都归你洗吧。""你英语这么好，不出国留学，太可惜了。"……

在这些句式中，前半句是赞美，后半句是期待。期待所表达的意思是："期盼""等待""等候""应该""我希望你……"对此，不同的人会有不同的理解，从而产生不同的情绪感受。有的人会把这样的期许当作被认可、被关注、被重视，因而感到满足和高兴；有的人会认为，对方说这话是有目的的，并非真心夸自己，由此产生戒备或警觉；有的人则感到自卑/沮丧/失落："原来，我还不够好。"也有的人会怒火中烧："那是你想要的！又不是我想要的！""我凭什么要成为你想要的样子？！"

故此，老师所赞美的具体内容，最好是学生"已经做到的"那些事情或行为，而无需对未来"尚未发生的"有所期待。

让赞美变得简单些！

（4）赞美要及时。

只要发现学生的"优点"，特别是"新优点"，请尽可能立即赞美，以促成这些优秀品质的巩固和坚持。

很多时候，我们之所以感到自己不如别人，之所以不知道夸奖对方什么，是因为我们自己把所谓"优点"的门槛立得太高了，误以为只有轰轰烈烈、光彩夺目、与道德相关、旁人都视为优点的，才叫优点。

实际上，"优点"可以极其朴实、平凡、细微，也可以不断被挖掘。只要我们愿意把"优点"的门槛降低一些，就很容易发现自己和别人的诸多心理资源。比如，不浪费，不撒谎，不说脏话，不摔东西，舍得分享自己的食物，良好的身体素质，清晰的逻辑思维，勤于反思的好习惯，成为周围人的情感支持，在意别人的感受和需要，敢于表达自己的真实想法或感受，曾经解决问题的有效方法、成功经历和成功经验，目前已经取得的小小的进步，渴望改变自己的动机，承认自己不足的勇气，面对困难的勇气和决心……

所有这些真实存在的心理资源，仅靠当事人自己去发现，有时是困难的，特别是未成年人。老师在陪伴和培养学生成长的过程中，若能有意识地不断帮助学生去发现、去挖掘、去收纳这些心理资源，并指导他们合理运用，尤其是最近刚刚呈现出来的优点，其良效不言而喻。

2. 先赞美优点，再处理问题。

赞美与问题解决相关联。健康有效的赞美不是单一的赞美，而是能够灵活地与问题解决相结合。

所谓"先赞美优点，再处理问题"，是指当学生出现问题或遭遇困扰时，老师先赞美其优点，再处理问题。对此，您是否感到困惑——学生明摆着有问题，甚至是犯了错误，为什么还要赞美他？有什么可值得赞美的？赞美会不会助长他的坏毛病或者继续犯错误？

这个担心非常必要。为了化解这个担心，这里讲三点。

第一，赞美"问题行为"背后的优点，是一种"正强化"。

斯金纳的理论认为，行为之所以发生变化，是由于强化作用，因此，对强化的控制就是对行为的控制。强化是指通过某一事物增强某种行为的过程（张厚粲，2003）。正强化就是给予积极刺激。老师可以利用正强化的作用来影响学生，从而修正其消极行为。

第二，强调消极行为背后的优点，是一种积极暗示。

您是否有过这样的经历？某一天切菜时，心里突然想："我不会切到手吧？"然后，一不小心就把手切伤了。头一天，在心里提醒自己："明天可别忘了带身份证。"结果，第二天忘了带身份证。明明是"好心"提醒自己，为什么偏偏出现了"不好"的结果？

从自我暗示的角度解释，这是因为您对自己做了消极暗示，相当于下意识地接受了消极的信念或意见，于是，下意识地按照消极的信念或意见去行动。诚然，一个人的任何一个行为都不能用某个单一的知识去解释。

这里，仅是想借此说明，透过错误或缺点去探索其背后真实存在的优点，既可以训练学生的辩证思维，又可以引领学生更多关注"积极点"，从而将其心理能量引向积极的方向。不但可以避免消极行为继续恶化，还能够带去信心和希望。

第三，赞美要有针对性和指向性。

赞美能够使一个人看到自己原本所具有的心理资源，而这些可贵的心理资源恰恰能够最先帮助自己去解决问题。

针对某个学生的某个具体问题，挖掘出这个问题背后的具体优点，然后加以赞美。对于大多数老师而言，这件事无疑是个挑战，而且是个不小的挑战。可是，老师一旦做到了，不仅有利于尽快解决那个具体的问题，还能一定程度地缓解学生的消极情绪，借机提升其自信心与自尊感，老师也从中获得成长，从而为班级乃至整个学校注入一个崭新的问题解决理念。

当学生面对问题或困扰时，心中常常产生畏惧感或痛苦感。这个时候，若能从老师那里清晰地看到自己的优点和资源，看到曾经的成功和努力，畏惧感或痛苦感会随之减弱，他就不容易退缩，不容易沉溺于害怕或焦躁不安，反而有动力、有意愿去主动面对问题——"面对问题"才是解决问题的真正开始。

不仅如此。对于学生而言，老师往往是权威，遭遇困境时仍能得到权威的真诚赞美，学生会比较愿意接受自己的这些优点、资源、成功经验和努力的态度，相信它们是真实存在的，由此也更加信任老师，愿意讲更多的真心话，也更有能量去想办法解决问题。

因而，老师跟学生谈话的言语顺序很重要。

前面举例，学生平常不迟到，不早退，上课认真听讲，按时完成作业，最近的一次考试没有考好。我们鼓励学生说："虽然你这次考试成绩不理想，但是老师知道你一直在努力，因为你不迟到，不早退，上课认真听讲，按时完成作业，考试的时候也是认真答卷。"——这是"优先赞美"。

接下来，"处理问题"：老师针对本次试卷的具体作答情况，进行卷面分析和定向辅导。譬如，带领学生共同分析每一道做错的题目，到底是什么原因造成的，粗心？偷懒？没有掌握某个知识点？记忆错误？笔误？理解题目有误？等等。然后，鼓励学生自己想办法逐一解决。必要时，予以指导。

在"处理问题"的过程中，没有批评，没有嘲讽，没有嫌弃/放弃，只是分析和引导。谈话过程中的整体氛围、心理状态、心理关系，都与简单批评、直接解决问题截然不同。

并且，老师可以针对学生自己想出来的好办法再次进行肯定，通过赞美再度强化学生解决问题的正能量，构建赞美—解决—赞美的良性循环。

3. 以重新建构的态度和视角，找到学生的可贵之处。

曾有积极心理学的研究者提出，一个人之所以能够犯一个错误，背后有十个优点在支撑。假如您很难接受这个观点，那么，一个优点呢？—— 一个缺点、一个错误、一个心理问题、一个现实困境的背后，是否至少可以挖掘出一个优点来？

我们尝试一下：

退缩——思虑周详；不冲动；内省；机警；……

冲动——精力旺盛；有行动力；……

不成熟——天真；有成长的空间；……

叛逆——独立；想要确立自我；想要长大；敢于担当；……

被同学嘲笑而出手打人——有自尊心；有自我保护意识；……

偷钱买好吃的，分给小伙伴——渴望友谊；重视同伴的接纳和认可；没有获得友谊时，不退缩，再想办法解决（虽然当前的这个办法是错的）；……

学习成绩差，但从未提出退学——敢于面对学习压力；有较强的耐挫能力和心理承受能力；不自暴自弃；还在努力；……

人际关系不好，班上的同学都不愿意跟他坐同桌——能够独立生存；有勇气面对不友善；自身有独特的地方；仍愿意去学校继续读书；……

有一点必须澄清：我们努力发现、识别和肯定这些优点，并不代表我们认同了行为本身。这是两件事。"重新建构"是一种态度和视角，不代表我们放弃原则和判断，不代表我们赞同某个不健康的行为，更不代表我们自己会模仿或实施那个不健康的行为。

正因为赞美行为背后的优点和认同行为本身是两件事，我们才需要用重新建构的态度和视角，通过深层的正向肯定，重新激活学生原本所具有的心理资源，唤起愿意改善自己的动力，使他们能够运用自身的能量迎难而上，确立信心，在解决问题中深刻体验智慧与力量，趋向健康、完整的人格。

为了有效实施重新建构，SFBT 鼓励使用以下句式：

"虽然(负面)，但是(正面)"

"至少""起码"

"从(负面事件)看到你在乎/看重/在意……"

例如：

"虽然偷钱是不对的，但你渴望友谊是美好的。"（后面可以接着说：*"只是用错了方法。"*）

"打架解决不了真正的问题，但是，我从这件事里看到了你的自尊心，起码你懂得保护自己。"

"从这件事情可以看出来，你很在意爸爸妈妈对你的看法。"

综上所述，学生的"可贵之处"，可以不那么卓越，也可以非常细微。诸如：他们在意某种关系/某种情感；优秀的人格特质；某种具体的能力；良好的动机；友善的愿望；某种努力/坚持；健康的兴趣爱好；等等。只要老师发现了，及时地去真诚称赞就好。这种鼓舞可以促使学生继续保有这些"可贵之处"，却更有能力用健康的方式去解决问题，从而获得心灵层面的成长。

4."停止做错，就是开始做对的第一步"

这是非常值得推广的一个理念。

SFBT 认为，关注当事人行为细节的改变，就是关注了"小小的进步"，而这有可能成为改变的大大契机。著名的 SFBT 专家许维素教授曾在《建构解决之道：焦点解决短期治疗》一书中点拨心理咨询师：

"请咨询师思考一个问题：如果一位学生今日打人，大人会找他来教训；十日后这位学生又打人了，大家也会找来辅导。"

"然而，值得思考的是：这十天，这位学生是停止打人的，这算不算是一种进步？"

"如果咨询师不视当事人没有打人为理所当然或不足为奇，而能对当事人这样的小进步大大加以赞美与强化，当事人又可能会有什么转变？

当然，如果咨询师能深入探究这十日，了解当事人如何可以不打人的因素，或者曾想打人而能控制自己不动手的方式，这对当事人又有何助益？"

事实上，父母和老师都比心理咨询师更有条件、更有机会做到这件事。

试想，每当学生按照老师的要求有所改正或稍有转变，在他们做到的这段时间内，老师愿意赞美他们的自我约束、自制力、进取心、有诚信……赞美他们哪怕很小很小的一点点进步，愿意探究其原因，那么，学生"停止做错"的时间会不会延长？ 他们的自律意识和自律能力会不会增强？ 改正或转变的程度会不会加大？ 师生之间的彼此信任会不会随之提高？

5. "你是怎么做到的？"

针对当事人某个具体的优点，真诚地询问"你是怎么做到的？"是一种赞美的技巧（De Jong & Berg, 2007）。

为了真正实现赞美的效能，令其发挥更大的作用，促使学生将这些称赞"入脑"又"入心"，老师可以针对学生的某个具体优点，真诚地询问："你是怎么做到的？"当学生能够思考或说出自己是怎么做到的时候，就会发自内心地收下老师的赞美，并且，这个思考或回应的过程也再次增强了学生的信心，强化了该优点背后的信念。 在未来的日子里，当他们遇到相似的问题或困扰时，会比较容易想起老师曾经的赞美以及与老师之间曾经美好的对话。

例如，某个学生写作业总是很拖沓，但最近几天有了进步，能够比较快而高质量地完成作业。 老师发现了这个进步，带着赞赏的口气问："你是怎么做到的？"或者："能在这么短的时间里提高写作业的速度，这是很困难的事情，你是怎么做到的？"（前两句的作用在于，鼓励学生珍惜自己的努力和进步。）他可能说："提前把作业写完，感觉好轻松啊！"（请别介意，对于这个学生来说，以前的拖沓是"按时"——按照他自己的节奏写作业，现在加快速度就意味着"提前"。）

接下来，老师可以"乘胜追击"："轻松的感觉很好吧！"反复几次之后，他不仅不讨厌写作业了，心情也会变得更放松，注意力会更集中，渐渐地，拖沓行为也就没有存在的必要了。

有些学生是在家长的溺爱或放任中长大的，心理年龄比较小，自控能力比较弱，规则意识也比较差，需要老师格外接纳且有耐心，不厌其烦地多次赞美和追问"你是怎么做到的"，反复进行正强化，才能把某个积极行为及其对应的健康品质逐渐稳定下来。

【案例1】

男生，8岁。

身体健康。不爱说话，不主动接近别人。任何同学不小心的一个举动都可能激怒他，有时出现攻击行为。有些同学由于害怕而不敢接近他。他非常在意别人的评价，很多事情却做不好。

小学一年级时，在班主任的鼓励下，曾接受学校心理老师的咨询帮助。被动交往和攻击行为这两个方面有明显好转，还主动参加过班里的集体活动。后来，消极表现逐渐反弹。

学习成绩处于中等水平。理解力很好。老师上课提问时，如果他举手了，没有被老师第一个叫起来回答问题，他就会十分生气，噘着嘴把身体转向一边，不再听讲。2020年新冠病毒感染疫情期间，学校实施网络教学。开学前两周，他积极参加网课学习，有时主动回答问题，但很快就把自己设置成"无法邀请上台"，只听讲，不参与在线讨论和发言了。

家庭情况：父母各自忙碌，同时待在家里的时间比较少。父亲从未参加过家长会，也没来学校接送过他。基本由母亲负责管教。母亲出差频繁，所以，他经常独自在家。一个人在家时，最喜欢玩的是拼插游戏，乐高玩得格外好。他还喜欢画画。

【思考1】如何运用这个孩子原本所具有的心理资源/优点，来化解他的心理冲突（比如，既渴望被关注，又容易放弃；情绪表现要么压抑，要么易怒；同伴交往要么被动，要么攻击）？

＊＊请参考以下提示，写出他喜欢独自玩拼插游戏所体现的至少5个优点：

A. 专注力强　　B. 逻辑思维好　　C. 耐挫能力强　　D. 有耐心

E. _____　F. _____　G. _____　H. _____

I. _____

＊＊在坚持道德健康和心理健康的原则下，请努力挖掘以下行为背后的心理资源或积极品质：

不爱说话：_____

不主动接近别人：_____

敏感，有时有攻击行为：_____

非常在意别人的评价，自己却做不好：_____

举手，不被老师第一个叫起来回答问题就会生气：_____

母亲出差频繁，他经常独自在家：_____

【思考2】如何引入意象对话？

语文老师曾说他像一只小刺猬，自尊又敏感，充满戒备。他同意这个说法。请您借助这个说法，开启跟他的意象对话：（ABC是参考，D是您的创新）

A. 小刺猬在你心里是一种怎样的动物啊？

B. 请闭上眼睛，体会一下：如果你的心里有个童话王国，里面住着一只小刺猬，它长什么样子？大概几岁？正在干什么？它的心情如何？……

C. 如果你像一只小刺猬，爸爸像什么动物？妈妈像什么动物？小刺猬最想跟爸爸说什么？最想跟妈妈说什么？……

D. 您还能想到的引导语是：_____

如果您想了解并帮助他调节与周围环境的关系，可以这样引入意象对话：

A. 每次走进校园时，你感觉自己仿佛走进了什么地方？这个地方让你感到开心的是什么？让你感到不开心的是什么？……

B. 你觉得你的班级像什么？在这个班里，自己像什么？有什么感觉？……

C. 你觉得你的家像什么？在这个家里，自己像什么？有什么感觉？……

D. 您还能想到的引导语是：_____

如果您想借助他最喜欢也最擅长的拼插游戏引入意象对话,您可以说:

A. 你最擅长用乐高积木做出什么？它如果像人一样有性格，会说话，它有哪些特点？喜欢什么？不喜欢什么？……

B. 当你独自玩拼插的时候，脑海里经常出现的画面是什么？……

C. 如果拼插成功代表你完成了一件作品，那么，当你非常顺利地完成一件作品的时候，你想对它说什么？心里的感觉是什么？假如不太顺利，你想对它说什么？心里的感觉是什么？……

D. 您还能想到的引导语是：_____

如果您想借助他的绘画引入意象对话,您可以说:

A. 你喜欢用哪些颜色画画？这些颜色给你什么感觉啊？你不喜欢用什么颜色画画？这种颜色会让你想到什么？想到这些的时候，你的心情是？……

B.（拿着他的一幅画，跟他对话）这幅画讲的是什么故事啊？……

C.（拿着他的一幅画，跟他对话）如果把这幅画送给一个人，你想送给谁？你希望他能从这幅画里知道什么？……

D. 您还能想到的引导语是：_____

如果您想用意象对话疗法帮助他解决易怒的问题,您可以说:

A. 在想象中，你变成一个可爱的小精灵飞进自己的身体。你发现自己的身体变成了一座雄伟的高山。你在山里自由地飞翔。飞着飞着，你发现山里藏着一个炸药包。仔细看看，这个炸药包放在什么地方？周围的空气如何？温度如何？它为什么放在这里啊？它在这儿有什么作用？你想保护这座山的话，怎么做才能使这个炸药包不爆炸？……

B. 在想象中，你来到一个地方。这里的地下埋藏着一些地雷。你是一个优秀的工兵，穿着特制的安全服，拿着一种特殊的专用仪器。这个仪器非常先进，可以精准地发现地雷。每当发现地雷时，手里的仪器会有提示。做好准备后，你开始非常专业、非常熟练地排除地雷……

C. 当你生气的时候，感觉自己像什么？如果既不生闷气，也不摔东西、打人，最想跟谁说什么？……

D. 您还能想到的引导语是：_____

【案例2】

女生，15 岁。

性格安静，不爱说话，很少见到她笑。从初一开始，不止一次地用刀割伤自己的手臂，手臂上留有多道伤痕，有的伤痕比较深。与老师、同学的交往都不多，几乎没有朋友。学习态度良好，成绩在班里处于中等水平。

家庭情况：她在家里排行老大。父母经常拿她跟亲戚家的孩子进行比较，且经常打她。1 岁半时，弟弟出生。弟弟出生的第二天，她被送到农村奶奶家生活。爷爷奶奶重男轻女，不太喜欢她。6 岁被接回父母身边。

班主任反映：班主任认为她存在较高的自杀风险，主动去家里了解情况，并建议父母带她去做心理咨询。可是，父母反应平淡，说："花那个钱干什么？她又没病。她就是在博同情，没人理她就好了。"

【备注】

青少年之所以出现自伤行为，原因较多，常见的有：早年创伤（如被抛弃/被遗弃/被嫌弃、生命不被接纳、性别不被接纳、幼年早期与母亲分离太久、被虐待……）；人格因素；家族创伤；同伴效仿；自己无法解决的现实困扰（如与家人的关系不好、异性交往问题、同性交往问题、学习问题、难以启齿的某种困境……）；受到危险游戏的蛊惑；在网络上结交了危险的人等。

【思考】以下仅是帮助这个孩子的一些线索以及教师的自我反观，均无标准答案。

A. 您认为，在自伤行为的背后，这个孩子的心理需要是什么？

B. 您是否愿意跟她讨论一下手臂上的伤痕？如果不愿意，为什么？

C. 如果您是她的班主任，在家长不配合的情况下，您会继续跟家长沟通吗？假如继续跟家长沟通，您打算用什么方式或从什么地方突破他们的防御心理？假如放弃沟通，您可能会出现什么心情？这个心情是否跟您的过往经历有关？

D. 您怎么做到无条件地接纳她，而非同情她？

E. 您对她表达关心和理解的时候，在言语、行为、态度等方面，需要注意哪些细节？（尤其您是一位男老师的话）

F. 如何帮助她学会用语言表达情绪，而不伤害自己和他人？

G. 您敢不敢真诚地跟她说："你活得并不开心，甚至有的时候都不想活了，但是，你却坚持到了现在。请问，你是怎么做到的？（或：你是怎么坚持到现在的？）"

如果不敢，您的顾虑是什么？为什么会有这些顾虑？

H. 如果使用意象对话的方法，帮助她解决性别不被接纳的问题，您会怎么做？或者，您可能会使用哪些起始意象？

I. 如果使用意象对话的方法，帮助您去建设和这位女生的师生关系，您会怎么做？或者，您可能会使用哪些起始意象？

四、"校园版"私董会

私人董事会，简称私董会（private advisory board），是一种新兴的企业家学习、交流与社交的模式。它通过结构化的讨论，整合多方智慧（穆胜，2016），解决企业经营管理中比较复杂的现实难题，提升企业和企业家应对变化的能力。

私董会既是一种会议模式，也是一种沟通模式，可以让成员产生强烈的身份认同；在讨论具体问题的过程中，人人平等，既类似于思维实验，又类似于团体辅导，大家能够感觉到彼此关怀、彼此聆听和共同挑战。其目的在于：解决问题；个人成长；拓展认知边界。

为了方便校园管理者和教师能够借鉴私董会的工作精神和工作方式，结合特定的校园工作目标，本书尝试创新，试图设立"校园版"私董会，使这一流行于企业界的工作模式有机会服务于我们的教育领域，现将其原则和流程介绍如下。

1. 私董会的原则

（1）一把手原则

非一把手不能讨论、决策和实行。 私董会致力于解决问题，并凝聚行动力。

这就意味着，对于学校而言，如果要解决的是组织层面的问题，可由校长本人主持私董会，也可邀请社会上的专业教练进行主持，中层干部全员参加；如果是某位班主任想解决班级管理或班级运行方面的问题，可由班主任主持，全班同学参加（更适合大学、大专院校和中学）；如果是某位任课教师想解决自己所教课程方面的具体问题，可亲自主持，全班同学参加。

（2）非利益冲突原则

在商界，私董会的运作涉及商业秘密，所以，需要保证成员之间不存在利益冲突。 为了尽可能避免利益冲突，私董会成员应来自不同行业，且有着类似的行业地位和发展阶段，并披露他是否是其他私董会的成员。

就校园工作而言，基本不存在这个问题。

（3）保密原则

在企业里实施私董会时，私董会成员和专家均须签署保密协议，并承诺不利用所涉及的商业秘密为自己或第三方牟利。

"校园版"私董会可视具体情况而定。

（4）平等原则

私董会成员的地位是平等的。 在互动中，应遵循达成共识的议事准则，以获得最广泛的坦诚建议和最高的议事效率。

对于"校园版"私董会而言，主持人在组织并引导大家讨论时，须明确规定：每一位成员平等沟通，按时发言，且发言时长相同（如：1分钟/人）。 任何成员没有特权——这一点对于鼓励成员直接表达是非常重要的。

（5）教练原则

私董会的运作需要一名专业人士担任教练角色，承担引导成员交流、思考、学习、解决问题的责任，帮助其快速实现个人和企业的成长。 优秀的教练是私董会能否成功的关键。

实施"校园版"私董会之前，校内主持人（如：校长、副校长、年级主任、班主任、任课教师等）最好做些功课。

（6）实用原则

成员讨论的是实际问题，分享的是实际问题，最后要解决的也是实际问题。对于实际问题，使用苏格拉底式的对话方式，有利于展现问题的关键和细节。最终结论往往是开放式的，留有进一步探讨的空间。

2. 私董会的流程

如果主持人已明确既定议题，下述的工作流程将随之调整。然而，工作原则不变，工作目的也不变（解决问题、个人成长、拓展认知边界）。

（1）提案

主持人先让每个成员提交一个"议题"：正在困扰自己的真实问题是什么？（今天你最想讨论的话题是什么？）

（2）表决

全体成员表决，选出大家都感兴趣的话题。通常采用匿名投票的方式。

（3）阐述

被选中"议题"的人，成为"问题所有者"，向大家详细阐述自己所面对的某个具体问题。为了让这个问题更加清晰化，以促动后续的讨论和解决，一般会规定句式。

"阐述"环节常用的标准句式是：

我有＿＿＿＿＿＿＿＿＿＿＿＿＿＿＿＿＿＿＿＿＿＿（什么问题）。

这个问题是重要的，因为＿＿＿＿＿＿＿＿＿＿＿＿＿＿＿＿＿。

为了解决这个问题，我已经做了＿＿＿＿＿＿＿＿＿＿＿＿＿。

我希望大家能帮到我的是＿＿＿＿＿＿＿＿＿＿＿＿＿＿＿。

（4）提问

提问是私董会最具价值，也最具挑战性的环节。

其他人向"问题所有者"提问，帮助他明确真正的问题是什么。在这个环节，大家只能提问，他只能就提问做出回应，不得任意发挥。主持人（教练）会引导其他成员不断地提问，逐层分析问题的表象，抵达问题的本质（由表及里）；挖掘真问题，摒弃伪问题（去伪存真）；引导"问题所有者"重新澄清问题，使其思路更加清晰。

（5）澄清

经过上一轮的问答互动，"问题所有者"会发现自己的问题更加聚焦和清晰，重新修正自己所面对的问题。

（6）分享和建议

其他成员根据自己的经验或心得，针对澄清后的问题，提供具体的、可操作的建议。

在这个共享智慧的过程中，成员之间的信任和友情也会得到提升。

（7）反馈

召开下一次私董会的时候，"问题所有者"向大家反馈，他在过去这段时间的具体实施情况。若需要，可征询进一步的建议。

3."校园版"私董会

作为解决问题的一种创新模式，"校园版"私董会服务于教师和学校。它最有魅力的地方在于：高效能的智慧分享 + 高效能的问题解决。

从最常见的形式上看，就是大家坐在一起开会，类似于圆桌会议。可事实上，它与我们日常所主持或参与的会议有很大差别。它是将主题锁定在一个具体的"点"上，而这个"点"往往是"问题所有者"或既定主题的"痛点"。当大家共同努力找到这个"痛点"时，私董会已经初获成功。

值得注意的是，如果是校内教师承担"教练"角色，需秉持前述的六项基本原则，发挥好自己应有的作用：控场；解读；推进流程。

接下来，以三个确定的主题为例，分别由校长、班主任、任课教师担任"教练"角色，呈现一下"校园版"私董会的核心内容。仅供参考。

【示例1】校长召集全校中层干部，共同解决学校发展目标的问题。

• 从事教师这项工作，对你最有吸引力的东西是什么？

• 关于我们学校的发展目标，你的愿景是什么？

• SWOT 分析：

第一，S(Strengths)优势。你认为，我们现在的优势是什么？

第二，W(Weaknesses)弱势。你认为，我们现在的弱势是什么？

第三，O(Opportunities)机会。你认为，我们现在有哪些机会？

第四，T(Threats)威胁。你认为，我们现在面临哪些威胁？

• 为达成你刚才所讲的愿景，你的贡献/专长有哪些？

• 吐槽/谁想说什么就说什么（控制时间；不找后账）

• 为实现"一小步"的变化，你认为，目前容易发生的、能尽快办到的是什么？

• 每人用一句话总结今天的讨论和感受。

【示例2】班主任召集全班同学，共同解决如何提高班级凝聚力的问题。

• 作为我们班的一员，什么东西最吸引你？

• 关于我们班的凝聚力，你的愿景是什么？

• SWOT分析：

第一，S(Strengths)优势。你认为，我们现在的优势是什么？

第二，W(Weaknesses)弱势。你认为，我们现在的弱势是什么？

第三，O(Opportunities)机会。你认为，我们现在有哪些机会？

第四，T(Threats)威胁。你认为，我们现在面临哪些威胁？

• 为达成你刚才所讲的愿景，你的贡献是什么？

• 吐槽/谁想说什么就说什么（控制时间；不找后账）

• 为实现"一小步"的变化，你认为，目前容易发生的、能尽快做到的是什么？

• 每人用一句话总结今天的讨论和感受。

【示例3】某任课教师召集全班同学，共同解决如何提高这门课的学习成绩问题。

• 这门课对你最有吸引力的地方是什么？或者，你学习这门课的动力是什么？

• 关于这门课，你的愿景是什么？

• SWOT 分析：

第一，S(Strengths)优势。你认为，你现在的优势是什么？

第二，W(Weaknesses)弱势。你认为，你现在的弱势是什么？

第三，O(Opportunities)机会。你认为，你现在有哪些机会？

第四，T(Threats)威胁。你认为，你现在面临哪些威胁？

• 为达成你刚才所讲的愿景，你可以做出哪些努力？

• 吐槽/谁想说什么就说什么（控制时间；不找后账）

• 为实现"一小步"的变化，你认为，目前容易发生的、能做到的是什么？

• 每人用一句话总结今天的讨论和感受。

参考文献

顾明远（1998）.教育大辞典.上海教育出版社.

黄爱华（2013）.教师人际沟通力.江苏教育出版社.

黄希庭（2004）.简明心理学词典.安徽人民出版社.

江光荣（2012）.心理咨询的理论与实务.高等教育出版社.

李孟潮，李迎潮（2004）.当事人中心治疗：实践、运用和理论.中国人民大学出版社.

林崇德（2003）.心理学大辞典（上卷）.上海教育出版社.

刘娇（2004）.美国学生数学焦虑问题的研究概述.外国中小学教育，（7）:3.

卢乐山，林崇德，王德胜（1995）.中国学前教育百科全书（学科教育卷）.中国工具书网络出版总库.沈阳出版社.

莫雷（2007）.教育心理学.教育科学出版社.

穆胜（2016）.私董会2.0.中国人民大学出版社.

孙宏伟等（2018）.心理危机干预（第2版）.人民卫生出版社.

王佳琦（2014）.初中教师人际沟通状况对角色扮演的影响研究.硕士学位论文.延边大学.

王俊山，卢家楣（2006）.初中生数学焦虑的调查及其调控研究.心理科学，29(3):4.

吴垚坤，汤强，冯仁勇（2014）.数学焦虑研究概述.科教文汇（上旬刊），（3）:191-192.

谢芳，张丽（2016）.数学焦虑的形成、影响机制与干预.心理技术与应用，（10）:630-636.

熊建华（2005）.中学生数学焦虑及相关因素的调查研究.硕士学位论文.南京师范大学.

许维素（2013）.建构解决之道：焦点解决短期治疗.宁波出版社.

颜敏（2011）."倾听教育"视野下的教学活动探微.中国教育学，2011（2）：51-54.

杨德龙，庞树桂（1989）.智力，情绪生物节律的改变与儿童智商的关系.农垦医学,2011（4）：238-240.

游玉文（2003）.教育，有时就是一种倾听.广东教育：综合版，2003（005）:63.

苑媛，曹昱，朱建军（2013）.意象对话临床技术汇总.北京师范大学出版社.

苑媛（2014）.做温暖的父母.北京师范大学出版社.

苑媛（2018）.意象对话临床操作指南（第2版）.北京师范大学出版社.

苑媛，曹昱，朱建军（2018）.意象对话临床技术汇总（第2版）.北京师范大学出版社.

苑媛（2018）.武器心学：武器意象的心理临床.北京师范大学出版社.

张厚粲（2003）.行为主义心理学.浙江教育出版社.

张小乔（1998）.心理咨询的理论与操作.中国人民大学出版社.

朱建军（2003）.你有几个灵魂：心理咨询与人格意象分解.中国城市出版社.

朱建军（2006）.意象对话心理治疗.北京大学医学出版社.

朱建军（2007）.释梦：理论与实践.原子能出版社.

朱建军（2016）.意象对话疗法中的四德：信爱知行.心理技术与应用，4（3）:183-188.

朱建军（2018）.人格：一生一剧本.知识产权出版社.

朱建军（2021）.潜意识知道答案.中信出版集团.

朱欣（2016）.合作离不开倾听与表达.四川教育，11（13）：13.

朱欣欣（2004）.教师教育教学能力构成的研究.教育评论，(5):2.

庄思铭（2020）.焦点解决团体辅导对减缓初中生数学焦虑的干预研究.硕士学位论文.江西师范大学.

【美】马歇尔·卢森堡著.阮胤华译（2016）.非暴力沟通.华夏出版社.

【美】维吉尼亚·萨提亚.易春丽等译（2006）.新家庭如何塑造人.世界图书出版公司.

【日】大前研一，斋藤显一.李颖秋译（2010）.问题解决力.中华工商联合出版社有限责任公司.